INCONTABLES VIDAS,
UN SENDERO...

LA LIBERTAD

MAESTRO EULYON

BARKER & JULES®

BARKER ❷ JULES®

Incontables vidas, un sendero... LA LIBERTAD.

Edición: Barker and Jules™
Diseño de Portada: Barker & Jules Books™
Diseño de Interiores: María Elisa Almanza | Barker & Jules Books™

Primera edición - 2020
D. R. © 2020, Maestro Eulyon

I.S.B.N. | 978-1-64789-258-6
I.S.B.N. eBook | 978-1-64789-259-3

BARKER & JULES, LLC
2248 Meridian Blvd. Ste. H, Minden, NV 89423
barkerandjules.com

Para mis dos amores

AGRADECIMIENTOS

A todas aquellas almas que han sido compañeras mías en este milenario caminar

Cómo lo supe

Finalmente puedo relatar la historia oculta de mi vida, la que absolutamente nadie conocía. Sé que mis amigos y familiares se extrañaran y les parecerá increíble que hubiese vivido todo esto sin que ellos hubieran sospechado nada. Esto es porque procuré comportarme de la manera más normal. El día de hoy ni mi madre ni mi esposa conocen exactamente quién soy. Mi hija lo sabe y acepta con sencillez, ya que su naturaleza es igual a la mía. Por eso hay una gran afinidad entre los dos.

Sé que para muchos esto parecerá un cuento de fantasía inventado por un psicólogo loco. En realidad no les pido que me crean, pues si a mí que viví los acontecimientos que les relataré de primera mano, me costaba asimilarlos, a otras personas les debe ser muy difícil de aceptar, debido a la limitación que nos imponen los cinco sentidos básicos con los cuales nacemos.

Por otro lado, seguramente muchas personas van a sentir que ellos estuvieron allí y que fueron parte de la historia que les contaré. Quiero decirles que, efectivamente, habrá algunos que estuvieron conmigo, otros quizás vivieron experiencias similares y esta narración les evoca recuerdos ocultos en el subconsciente. Si es verdad o fantasía, es un hecho que solamente podrán comprobar en el futuro, cuando estén preparados para recibir ese maravilloso e invaluable conocimiento esotérico de la mano de un Maestro Ascendido. Aclaro que no soy escritor, pero aquí lo importante no es el estilo literario, sino la narración de hechos que acontecieron en mi vida y que ya tengo la autorización para contar.

Tuvieron que pasar casi cuarenta años para sacar a la luz esta historia. Durante mucho tiempo me revelé a creerla y tuve momentos muy difíciles donde caí en el escepticismo total, rechazando todo lo que oliera a espiritual o esotérico. Llegué a negar la existencia del Maestro Altaír y, por ende, de toda la Jerarquía Espiritual. Era cínico y mordaz con los creyentes o seguidores de dogmas religiosos o grupos espirituales de la nueva era. Debo decir que sigo siendo su crítico, pero no de sus seguidores. Sé que debo sacar de mi mente esos juicios, pero confieso que me es muy difícil, dada mi naturaleza y mi objetivo de vida; no tolero que manipulen a través del miedo y la amenaza divina a las personas; que todavía, en pleno siglo veintiuno, le digan a la gente que se van a condenar a un infierno y que si no aceptan los dogmas que ellos profesan, entonces son unos pecadores, infieles o gentiles, dependiendo del culto, así como tampoco acepto esos grupos "nueva era" que captan incautos con enseñanzas superfluas y sin ningún estudio riguroso y profundo, convirtiéndolos en fanáticos recalcitrantes que rechazan cualquier otra arista del conocimiento espiritual. No me cabe en la cabeza que teniendo todos, el mismo origen divino, nos excluyamos unos a otros y lleguemos al extremo de matar por una religión o creencia. Por eso me es tan difícil el quedarme callado.

No pretendo ser un profeta o salvador, pero sí busco despertar un poco la consciencia de aquellos que aún duermen.

Finalmente todos vamos en el mismo barco y tenemos que remar armónicos para llegar a nuestro destino.

Porque el ciego no pueda ver ni imaginar los colores,no quiere decir que no existan.

1

Gracias a ese Karma

"Yo no soy terrestre" afirmaba ante mis compañeritos de la primaria. Algunos se burlaban de mí, otros me creían y se interesaban en escucharme. Tenía entonces ocho años de edad y no sabía por qué se los decía, pero dentro de mí tenía la certeza de que yo venía de algún lugar muy lejano y que solamente estaba de paso por este planeta.

Tenía recuerdos de mis primeros meses de vida. Mi madre se sorprendía porque las descripciones que hacía de los lugares donde había estado eran exactas. Me decía:

—Pero, ¿cómo puedes acordarte de eso, si tan solo tenías seis meses de edad?

—No lo sé, pero me acuerdo –era lo único que podía decir.

A los doce años de edad tuve una experiencia que cambiaría mi vida; pero antes debo relatar unos acontecimientos que me llevaron a dicha experiencia.–¡Feliz cumpleaños, hijito! –dijeron a un tiempo mi padre y mi madre.

—Seis años y ya eres todo un hombrecito –dijo ella acariciándome la cabeza.

Mi padre se acercó y me entregó un regalo. Lo abrí inmediatamente: era un reloj. Me pareció el más hermoso que había visto en toda mi corta vida. Inmediatamente me lo puse en mi muñeca derecha.

—Se usa en la otra mano —recomendó mi padre.

—Me gusta más en ésta —respondí y ahí se quedó.

A los pocos meses, me encontraba esperando el transporte del colegio, que me recogía a las siete quince de la mañana en la esquina de mi casa, cuando dos hombres jóvenes, de entre veinte y veinticinco años, se acercaron y me pusieron un cuchillo en el cuello amenazando con matarme si no les entregaba el reloj. Yo estaba aterrado. Me lo arrebataron y huyeron. Yo salí corriendo para mi casa, llorando.

A partir de ese momento comenzó en mi vida un sufrimiento continuo, ya que era víctima constante de los asaltantes.

Cuando cumplí doce años, subiéndome a un autobús, sentí que me arrancaban del cuello una cadena de oro que tenía un cristo, también de oro, muy hermoso, que me había regalado mi madre. Al voltearme vi al ladrón parado en el escalón más bajo de la puerta de entrada del autobús, dándome la espalda. Con una risa burlona les enseñaba la cadena y el cristo a sus compinches que estaban en la acera. El autobús se encontraba ya en marcha. Sin pensarlo dos veces, le di una patada por la espalda al ladrón, quien perdió el equilibrio, se cayó de bruces y se estrelló contra el borde de la acera golpeándose el rostro. En ese momento me di cuenta que había hecho algo terrible; me sentí tremendamente culpable. Llegué llorando a mi casa, me encerré en mi cuarto gritándole a Dios, preguntándole por qué me hacía eso si yo no le quitaba nada a nadie, por qué me asaltaban a mí. Todo el día se me venía la imagen del asaltante y su rostro reventado. Ya ni siquiera pensaba en la cadena y el cristo de oro.

Esa noche al acostarme a dormir, comencé a sentir mucha pesadez en el cuerpo, un zumbido extraño, que se hacía cada vez más fuerte en mis oídos, no me permitía dormir. Quise acomodarme en la cama en otra posición, pero no podía moverme. Mis brazos y piernas no respondían. Sin embargo no sentí temor y decidí dejarme llevar por la sensación.

2
El Maestro

Me estaba quedando dormido cuando, de repente, salí disparado de mi cuerpo y me encontré parado a los pies de la cama. Cuál no sería mi asombro al ver mi cuerpo acostado en la cama y estar fuera de él.

–¡Uy, me morí! –dije sorprendido.Entonces escuché una voz detrás de mí que dijo:

–No estás muerto, solamente te has desdoblado.

Inmediatamente me di vuelta para ver quién me hablaba y vi a un hombre parado en la puerta de mi habitación. Era alto, blanco, de cabellos castaños claros, ojos color miel, una nariz perfilada, con rasgos muy finos pero muy varoniles. Nunca se me olvidará esa primera sonrisa que me dio, pues encerraba mucha ternura, paz y serenidad. No sentí temor.

–¿Quién es usted? –pregunté.

–Soy tu Maestro.

–¿Maestro? ¿Qué Maestro?

–Soy tu Maestro... –y me dijo su nombre, pero no puedo repetirlo aquí por su expresa recomendación. Pero para efectos prácticos lo llamaré el Maestro Altaír en referencia a su lugar de origen.

–¿Cómo entró a la casa?

–Hay preguntas que en este momento no te puedo contestar, pero poco a poco irás recibiendo respuesta a todas tus inquietudes.

Estoy aquí –me dijo–, porque tú hiciste una pregunta.

–¿Qué pregunta? –

yo ya no recordaba el episodio matutino.

–Sí, una pregunta que hiciste esta mañana, cuando llegaste a tu cuarto e increpaste a Dios.

–¡Ah!, de por qué a mí me sucedían estas cosas de los robos, sí... sí, ya recuerdo.

–Bueno, por eso estoy aquí. Tu clamor por saber fue tan fuerte que provocaste una onda muy poderosa que salió de lo más profundo de tu corazón, retumbando hasta los planos superiores, abriendo la Puerta Causal para poder acercarme, nuevamente, a ti. Ahora quiero que me acompañes a un lugar muy especial para dar respuesta a tu pregunta.

–¿Se enojó Dios por la forma en que le grité?

El Maestro soltó una sonora carcajada y mirándome con mucha simpatía me dijo:

–No pierdes tu chispa –y añadió–. No, hijo, Dios no se molesta por nada, Él es impersonal y ama a todas sus criaturas incondicionalmente. Si Él te dejara de amar, te disolverías en el universo. Es su amor el que mantiene unido cada uno de tus átomos, *el amor de dios es el pegante del universo*, sin él nada existiría, nada se cohesionaría, ni podría ser.

Luego me tendió la mano.–¿Me acompañas?

–¿Pero, Maestro, y a mi cuerpo, qué le va a pasar?

–No te preocupes, no le va a pasar absolutamente nada, y para que estés más tranquilo voy a llamar a unos amigos tuyos, que lo van a cuidar mientras estemos fuera –y añadió dirigiéndose a alguien que no estaba ahí–. Ángeles Custodios de Mikha-El, vengan aquí ahora mismo, envuelvan y protejan este cuerpo, no permitan que nada ni nadie perturbe su descanso.

En esos momentos llegaron tres seres magníficos con unas espadas de fuego color azul eléctrico, y me hicieron una reverencia, a manera de gentil saludo. Yo estaba maravillado, me sentía en un cuento de hadas. Por momentos pensaba que estaba soñando y que todo era producto de mi imaginación, pero entonces escuché la voz del Maestro que me dijo:

–No estás soñando, estás en un estado de consciencia al que le llaman Desdoblamiento Astral, pero en realidad en este caso no es Astral, ya que nosotros, los Maestros Ascendidos no trabajamos a nivel de ese plano, sino del Plano Mental. En este momento he recubierto tu cuerpo mental con energía de tu cuerpo etérico, para que puedas verte a ti mismo y no sientas la sensación de desintegración del Yo, que se experimenta las primeras veces que se está en el cuerpo mental solamente.

–Creo entender la mayoría de las cosas que me dice, Maestro, sin embargo, tengo una duda: ¿Qué es un Maestro Ascendido?

–Todo esto ya lo sabes, solo es cuestión de tiempo para que recuerdes. Un Maestro Ascendido es un ser que antes fue humano como tú, pero que por un esfuerzo consciente y sostenido, trabajó durante muchas vidas para alcanzar el siguiente escalón evolutivo espiritual, que es precisamente el convertirse en un Ser de Luz. Para ello ha dominado todas las leyes de los planos inferiores de manifestación, nada le es oculto o desconocido, su sabiduría abarca más allá de lo imaginable. Con el tiempo te iré ampliando el concepto y te mostraré muchas de las cosas que los Maestros podemos hacer. Por lo pronto tenemos un pendiente que resolver, vámonos.

Y extendiendo su mano salimos volando de mi habitación, traspasando el techo como si no existiera.

3

Volando a Canadá

Podía ver las luces de la ciudad. Me sentía como Superman. Cada vez volábamos más alto y más rápido. De pronto escuché la voz del Maestro, en mi mente, que me decía: –En esta ocasión te llevo volando para que veas todo lo que puedes hacer con tu mente, sin embargo, si yo quisiera estaríamos instantáneamente en el lugar a donde vamos.

–¿Puedo saber a dónde vamos?

–Te llevo a un lugar muy especial, en Canadá. Allí hay alguien que te está esperando para verte de nuevo.

–Yo no conozco a nadie en Canadá –le dije ingenuamente al Maestro.

–Sí que lo conoces, pero en este momento no tienes consciencia de él. Cuando estén frente a frente lo recordarás.

Yo siempre he sido un fanático de los mapas, me encantan. Desde muy pequeño era aficionado a ver los atlas. Mi padre era un hombre muy culto que había estudiado dos carreras, Derecho y Filosofía y Letras, su pasión era la lectura y se contaban más de dos mil libros y enciclopedias en la biblioteca de mi casa. Recuerdo que a los cuatro años de edad leí mi primer libro, *Genoveva de Brabante*, de Cristóbal Schmid. A partir de entonces me convertí en un empedernido lector y mi padre me alentaba a cultivarme, pero los mapas siempre fueron mi fascinación. Por eso, mientras volaba con el Maestro, me daba cuenta de que pasábamos por sitios reconocibles para mí, como el Golfo de México o las grandes llanuras del centro de los Estados Unidos, hasta llegar a los bosques canadienses. Después de haber volado por unos veinte minutos, llegamos a un lago rodeado por montañas.

–Hemos llegado –dijo el Maestro.

Me encontraba flotando en el aire junto con él.

Era febrero y todo estaba nevado, pero lo curioso es que yo no sentía frío. El Maestro captó mi pensamiento y me dijo:

–El frío y el calor son sensaciones únicamente del cuerpo denso. Tu cuerpo etérico responde a vibraciones más altas.

–Entonces ¿si me pongo encima de una fogata no me quemo?

–Claro que no.

–Luego ¿este cuerpo es indestructible?

–No, ciertamente. Se desintegra junto con el cuerpo denso en el proceso que la humanidad llama muerte. De hecho, tu cuerpo etérico es tu verdadero cuerpo físico, el cuerpo denso es un reflejo de él. Tu cuerpo etérico está constituido por materia etérea, que es una clase de energía muy sutil, imperceptible para los sentidos físicos. Solamente con un adiestramiento adecuado se puede observar este cuerpo.

–¿Me permites despertar tu visión etérica? –me preguntó el Maestro.

–Por supuesto –respondí veloz.

El Maestro se colocó frente a mí, tocándome en el entrecejo con su dedo índice.

En ese momento vi al Maestro como una red de luz, con puntos como soles de diversos tamaños. De lo que era su columna vertebral salían como flores, hacia el frente, eran unas ruedas de colores iridiscentes, más grandes que los otros soles.

–Estos son los Chakras o Centros Energéticos. Regulan la energía que necesita tu cuerpo denso para vivir. Además, cuando son activados, despiertan en ti otros sentidos o facultades.

–Entonces, ¿este cuerpo es el que la gente llama alma?

–No. En realidad el hombre posee siete cuerpos. El denso y el etérico forman parte de lo que llamamos cuerpo físico, pero tienen otros dos cuerpos más que son parte de su estado evolutivo de consciencia: el cuerpo emocional y el cuerpo mental. Los otros tres son de orden espiritual, pero de ellos te hablaré después. Voltea y mira.

Giré automáticamente, sin moverme físicamente. No puedo explicar esa sensación pero imaginen que sus ojos se giran y se ponen en la nuca para ver lo que hay detrás. Las leyes en los otros planos de manifestación son completamente diferentes a las del plano físico, donde normalmente tenemos nuestra consciencia, por eso es muy difícil explicar los fenómenos que se viven en otros planos, ya que nuestro vocabulario está hecho para describir y explicar lo que experimentamos en este plano físico.

Estaba estupefacto ante lo que veían mis ojos.

4
Armash, El Acadio

Frente a mí se alzaba un templo altísimo que más parecía una catedral, pero no tenía muros de piedra. Estaba hecho con zafiros de un azul intenso, resplandecía como un espejo y flotaba encima de un lago que se encontraba rodeado de grandes montañas.

–¿Qué es este lugar? –pregunté.

–Es un retiro etérico. Así como en la región densa del plano físico encuentras palacios, templos, edificios y construcciones de todo tipo, de igual forma sucede en la región etérica. Por eso vas a conocer ciudades, palacios, templos y otras construcciones que sirven de morada o lugar de encuentro para muchos seres que viven y se desenvuelven en esta región.

–Pero éste es como otro mundo paralelo a la Tierra.

–No, en realidad esta región es parte de la Tierra, lo que ocurre es que los planos y los sub-planos se compenetran y no se tocan debido a que cada plano vibra en una frecuencia diferente. Así como en el plano físico los diferentes estados de materia se diferencian por su rata vibratoria, yendo de lo más denso y pesado, como son las rocas y los metales, hasta los gases más sutiles que puede captar el individuo por alguno de sus sentidos. Después vienen las radiaciones de colores, calor, rayos y ultra-frecuencias de energía y así hasta el infinito.

–Pero yo puedo tocar estos muros de cristal –le dije al Maestro.

–Así es, y esto se debe a que estás revestido con un cuerpo etérico para poder funcionar en este plano. Es una ley universal que para poder actuar en un plano, se requiere un cuerpo construido con la misma materia.

–Sin embargo, percibo una sensación diferente al tocar estos muros, no son sólidos como el cristal que conocemos, pero dan la impresión de ser muy suaves y a la vez muy fuertes. No sé, no sabría cómo describir esa sensación.

–Es porque están hechos de una sustancia electrónica que puede ser moldeada con el pensamiento del Creador, para darle las características que él desee. Todo en el universo existe por la mente. Vamos a entrar, sígueme.

Como por arte de magia, se abrieron las grandes puertas que estaban al frente del majestuoso templo, que era más grande que cualquier construcción hecha por el hombre. Ni siquiera la Basílica de San Pedro, en el Vaticano, se podía comparar en tamaño y majestad con este enorme templo. Al entrar se escuchaba una música extraordinaria, que daba una sensación de poder, pero al mismo tiempo de paz y seguridad. Avanzábamos por grandes pasillos y, a sus costados, se veían salones muy grandes con paredes en diferentes tonos de azul. Noté que en muchas columnas se repetía la imagen de una espada flamígera de un azul intenso. Finalmente entramos en un salón que tenía una gran pantalla iridiscente en una de sus paredes, había varios sillones de apariencia confortable, que miraban hacia la pantalla, colocados como butacas de cine. El Maestro me invitó a sentarme en uno de ellos.

–Bien, hijo, ahora vas a recibir la respuesta a la pregunta que hiciste por la mañana.

Colocó su dedo índice en medio de mi frente, pronuncio unas palabras que no entendí y que sonaban distintas a cualquier idioma terrestre conocido. La pantalla iridiscente comenzó a organizarse como cuando uno arreglaba las antenas de los televisores antiguos y, de pronto, una *película* se empezó a ver en la gigantesca pantalla.

En la imagen aparecía un heraldo que, leyendo de un pergamino, dirigía un mensaje a una multitud.

–Por decreto de nuestro noble, divino e inmortal rey verdadero, Sahrrum-El-Kim –Sargón el Grande–, se nombra ministro de asuntos territoriales y tesorero real al noble Armash –ese era yo–, para que en representación de nuestro amado rey, disponga en todas las provincias que conforman el reino de Accad, la recolección de impuestos y tributos correspondientes a las arcas reales.

Ese fue el decreto con el cual me daban un poder casi que ilimitado sobre el reino Acadio, ya que iba a manejar toda la riqueza del que se considera el primer imperio de la historia. Corría el año 2,335 antes de Cristo.

Pero ese decreto también fue mi perdición. En las imágenes pude ver que con el poder que tenía abusé del pueblo, convirtiéndome en un ministro ladrón que, no contento con quitarle a la gente más de lo debido, también extraía del tesoro real todo el oro y riquezas que podía. Para esa época contaba con 34 años de edad y era físicamente muy diferente a como soy actualmente. Mi complexión era mediana, tenía el rostro ovalado, los ojos oscuros, la frente amplia, nariz recta, barba poblada y muy negra. Provenía de una familia noble, emparentada con el anterior rey sumerio, Ur-El-Shabbahba, con gran influencia en Sargón ya que, el que fuera mi padre en esa vida, un hombre de pocos escrúpulos y tremendamente ambicioso, se vendió a Sargón revelándole la ubicación de todos los ejércitos sumerios y sus rutas de abastecimiento y, de esta forma, le ayudó a conquistar el reino de Kish, donde gobernaba Ur-El-Shabbahba. Es curioso que el que fuera mi padre en esa vida, sea hoy, en esta encarnación, el esposo de la menor de mis hermanas.

Gracias a los favores que mi padre hizo a Sargón, se me concedió ese cargo tan importante. Durante ocho años fui ministro. Ya se imaginaran cuánto poder y riqueza acumulé. El rey sabía de mis andadas, pero yo había sido muy hábil para fortalecer las finanzas del reino y, aun robando, implanté leyes y sistemas de trabajo que contribuyeron grandemente a la prosperidad. Por eso Sargón no me decía nada, incluso era uno de sus súbditos favoritos, pues le gustaban mi conversación y mis ideas.

Finalmente, en el año 2,227 a. de C., fui envenenado y fallecí.

Así pasaron miles de años y decenas de encarnaciones, sin pagar ese karma de ladrón, hasta llegar a la actual vida, donde el Tribunal Kármico activó el retorno de esa deuda.

Al finalizar la "película", el Maestro me preguntó:

–¿Qué conclusión sacas de esto?

–Bueno, Maestro, por lo que me pude dar cuenta, en esa encarnación le robé a muchísima gente y ahora estoy pagando lo que hice. Quiere decir que lo que yo haga, la vida me lo va a cobrar.

–La vida no te cobra nada. Eres tú que, en tu proceso de expansión de consciencia, estas aprendiendo y, obviamente, en ese proceso violas las leyes del universo, viviendo sus consecuencias.

–Sí, Maestro, pero le quiero hacer una pregunta: ¿Cuántas encarnaciones tengo que vivir para pagar todo lo que le quité a tantísima gente?

–Primero, contéstame lo siguiente –dijo el Maestro–. ¿Qué aprendiste de todo esto?

–Aprendí que no le debo quitar nada a nadie, pues finalmente la ley me lo cobrará. Jamás le robaré nada a nadie, de eso puedo estar seguro.

–Muy bien, hijo. A partir de este momento nadie te podrá quitar absolutamente nada, pues has hecho consciencia y has aprendido la lección. Todos tus karmas relacionados con el robo, quedan eliminados, pues finalmente lo que busca la ley, es que tú aprendas y expandas la consciencia. No busca castigarte, como la gente cree. De hecho, no existe ese Dios castigador o vengativo que goza con el dolor de los seres humanos. Esas cualidades que le atribuyen a Dios, no son más que proyecciones humanas para someter al ignorante a través del miedo. Tú encarnas la llama de la libertad dentro de tu corazón y es por esa razón que te sientes incomodo cuando te hablan de ese "dios" vengativo e injuriador.

–¡Vaya si eso me ha traído problemas en el colegio, con los sacerdotes! Ahora comprendo por qué me resisto a aceptar los dogmas religiosos.

–Así es, hijo, pero es algo que pronto superarás. Debes tener muy presente que nunca debemos juzgar, criticar o condenar a nada ni a nadie, todo lo que sucede tiene una razón de ser y las religiones no son la excepción, pues cumplen con un objetivo muy específico para el desarrollo del alma y llegan en el momento justo en que una nación o una raza necesita subir un peldaño en el entendimiento del Gran Absoluto. Poco a poco, a medida que vayas recobrando tus sentidos superiores, tendrás la posibilidad de beber de la sabiduría divina en los propios archivos del universo y acceder a todo el conocimiento que quieras –y agregó–. Bien, ahora que recibiste respuesta a tu pregunta, te quiero llevar con alguien que desea verte de nuevo. Vamos.

5

El encuentro

Salimos de aquella gran sala y subimos por unas escaleras muy anchas, hasta llegar a otra planta bastante alta. Al fondo estaba un trono majestuoso, color oro, muy brillante, que contrastaba con los tonos azules de las paredes. A cada lado se encontraban, de pie y en una actitud seria, sendos ángeles con túnicas azules, ceñidas con cintos dorados. Cada uno de ellos tenía en su mano derecha una espada azul y en su mano izquierda una trompa de oro. El Maestro me pidió que me quedara un momento de pie frente al trono, justo dentro de un círculo blanco, como de nácar o madreperla, que se hallaba en el suelo. Al entrar en él sentí una fuerte corriente de energía que subía desde mis pies hasta la coronilla. Experimentaba una sensación de vitalidad increíble. Mi cuerpo emanaba más luz y se transformaba, semejándome cada vez más a los ángeles que custodiaban el trono. Una sensación de paz y gloria llenaban cada átomo de mi ser. De repente, los ángeles sonaron sus trompas con sonidos marciales pero serenos. Frente a mí se empezó a materializar un ser extraordinario, de una majestuosidad sobrecogedora. No era un simple ángel. Intuí que era un Arcángel. Su mirada era penetrante y sentí que escudriñaba hasta el fondo de mi alma. Sin embargo, esa mirada me era familiar. La había visto pero no sabía dónde.

–Sí, ya la habías visto –fueron sus primeras palabras. Su voz me hizo recordar todo.

–Tú eres el Arcángel Miguel –grité y caí postrado a sus pies llorando y pidiendo perdón.

Suavemente, me levantó diciéndome:

–Fuiste perdonado hace mucho tiempo y no tienes nada de qué arrepentirte, pues tu causa nació de lo más íntimo de tu ser, siendo inspirada por el mismo Altísimo, aunque las circunstancias y el mal entendimiento te llevaron a dejarte arrastrar por el Contrario, torciendo tus ideales. Dentro de ti siempre quedó esa chispa de luz que fue la que te salvó. Hoy es un día de júbilo entre mis huestes, esperamos millones de años para tenerte de nuevo entre nosotros y, gracias a tu Maestro Altaír, esa espera ha terminado. Mi amado Sahlati-El. Cuando pronunció ese nombre, sentí que explotaba en millones de flamas y me fundía con el universo entero. Por mis mejillas escurrían lágrimas que no podía contener.

–Mi amado, seca tus lágrimas, que ya muchas has derramado. Hoy es día de dicha y de gloria para todos. A partir de ahora nunca más te sentirás solo y ningún peligro te acechará, pues mi manto te cobijará hasta el día de tu Ascensión –tras una pausa agregó–. Hay un regalo que debes llevarle a todos aquellos que se crucen en tu camino y te escuchen.

–Todo lo que tú me digas lo cumpliré sin dudarlo.

–Se avecinan tiempos difíciles, las fuerzas del Contrario se intensificarán por el mundo en un intento desesperado por mantener esclavizada a la humanidad y afirmar su poder. Pero no deben temer en lo absoluto, pues mis huestes y yo estamos asistiendo a todos aquellos que nos llamen. Sin embargo, te voy a dar una protección que es infalible contra cualquier energía inarmónica, un decreto que deberá ser dicho todos los días, al levantarte. Es éste:

«EN EL NOMBRE DE MI AMADA PRESENCIA DE DIOS YO SOY, INVOCO AL ARCÁNGEL MIGUEL Y A SUS HUESTES PROTECTORAS DEL RAYO AZUL, PARA QUE VENGAN, VENGAN, VENGAN ME ENVUELVAN Y ME PROTEJAN EN SU PODEROSO MURO AZUL, QUE NADA NI NADIE ME PUEDA HACER DAÑO. AMEN.»

–Visualízate dentro de una esfera o un cubo de color azul. Instantáneamente quedarás protegido y nada ni nadie te podrán dañar ya que, al invocarnos, automáticamente extendemos nuestro manto de radiación que no permite ninguna vibración menor al amor.

–¿También puedo proteger a alguien que no sea yo?

–Claro que sí, puedes hacer la protección a quien tu desees, incluso puedes proteger tus objetos personales para que no los hurten o dañen como, por ejemplo, tu casa, tu auto, tu lugar de trabajo o de estudio. Con el solo hecho de pronunciar el decreto y visualizar a la persona o el objeto dentro del muro azul, quedan protegidos, no importa donde se encuentren. Recuerda que donde está tu mente estas tú. Si todas las personas conocieran esta protección y se aplicaran todos los días a usarla, en muy poco tiempo sellarían la puerta donde se halla el mal, y el planeta entraría en un estado de gracia divina, de perfección; los karmas de la humanidad se trascenderían rápidamente, elevando la consciencia de cada una de las almas evolucionantes que encarnan en la Santa Estrella de la Libertad, como se la conoce a la Tierra en la Jerarquía Espiritual. Hijo, eres uno de mis mensajeros que llevan este conocimiento a los sedientos de libertad y de justicia. Es mi promesa el estar allí, junto con mis huestes, protegiendo a quien nos invoque.

–Sí, mi amado Miguel, trasmitiré este conocimiento a todo aquel que lo desee.

Intervino el Maestro Altaír:

–Tú ya trascendiste el karma del hurtar, sin embargo, como dice nuestro amado Miguel, las fuerzas siniestras se están intensificando y en especial contra todos aquellos que buscan la Luz. Por eso es importante que todos los días hagas tu protección.

–Sí, Maestro, entiendo la razón y lo haré sin falta – dirigiendo mi mirada al Arcángel Miguel le pregunté–. ¿Puedo abrazarte?

–Sí, lo puedes hacer. Ya he bajado mi frecuencia vibratoria para no lastimarte. Abrázame –dijo dulcemente.

Sin dudarlo, lo abracé intensamente, como puede hacerlo un niño de apenas doce años de edad. Me pareció que el tiempo se detenía y quería quedarme entre esos brazos por toda la eternidad. Al cabo de un minuto, escuché la voz del Maestro que me decía:

–Hijo, debemos regresar.

6

El reencuentro

El Maestro me tomó de la mano y en un instante estaba nuevamente en mi cuarto, parado frente a mi cama. Los ángeles custodios que se habían quedado cuidando mi cuerpo, me hicieron una reverencia nuevamente y desaparecieron.

–Siéntate, hijo. Hay algunas recomendaciones que debes escuchar y seguir al pie de la letra –dijo el Maestro–. Sé que esta experiencia ha sido bastante impresionante para ti, sin embargo, estoy gratamente sorprendido por el aplomo y madurez con que la has tomado. Ahora bien, y esto es muy importante, para que yo pueda seguir con tu proceso de Despertar es necesario que, por ahora, no comentes absolutamente nada de lo que experimentaste, con nadie. Quizás la única persona que te podría entender un poco sería tu padre, que es de la misma naturaleza que tú, pero él se encuentra en otro estado de conciencia actualmente y no te tomaría muy en serio. Preferiría que tuvieras total discreción.

–Sí, Maestro, mantendré la más absoluta reserva, a nadie le diré nada hasta que usted me lo autorice. De hecho, aunque lo contara, nadie me creería.

–Así es, hijo, ya llegará el tiempo en el que podrás contarle al mundo tus experiencias, pero para ello aún falta un buen tiempo. Mientras tanto, seguiremos con tu proceso. Regularmente te visitaré en tus horas de sueño, algunas veces lo recordarás pero en otras ocasiones no, ya que necesito que madures y que puedas controlarte mejor. Bien, ahora piensa en tu corazón y lentamente entrarás en tu cuerpo, quedarás profundamente dormido. Al despertar no recordarás nada de esto, pero con el paso de los días, rememorarás episodios de esta experiencia. Lo que sí tendrás muy clara es la protección que te enseñó el Arcángel Miguel, recuerda hacerla a diario.

–Maestro, tengo una pregunta.

–¿Dime?

–¿Por qué yo?

–Hijo, esa pregunta no te la puedo contestar en este momento, de hecho, tú mismo te la irás respondiendo en la medida en que te vayas conociendo. Lo único que te puedo adelantar es que tu historia de vida ha sido bastante interesante y poco común. Sabrás a su debido tiempo. Ahora cierra los ojos y concéntrate en tu corazón. Recibe la bendición del Padre a través mío.

Extendiendo su mano derecha toco mi cabeza y me sonrió con mucha ternura.

Pasaron seis largos meses antes de volver a tener una experiencia consciente con el Maestro Altaír. Fue para mi cumpleaños número trece. Era 1977 y recuerdo la noticia impactante del choque de los dos jumbos 747, de KLM y Pan Am, en la isla de Tenerife, España, causando más de quinientos muertos en ese terrible accidente.

Ese día me sentía expectante, caminaba inquieto y escuchaba una melodía muy hermosa en mis oídos. Sentía que algo importante iba a acontecer esa noche. Recordaba ya toda la experiencia que había vivido seis meses atrás y, efectivamente, desde ese tiempo ya no había sufrido asaltos y caminaba más tranquilo por las calles de Bogotá. Comenzaba a experimentar una sensación de libertad maravillosa, me comportaba con alegría y no temía a nada. Sin embargo, la relación con mi padre se había deteriorado bastante, todo lo que yo hacía le molestaba y me regañaba continuamente. Hasta llegué a pensar que no me quería. Un día que íbamos a salir a un centro comercial que acababan de inaugurar en el norte de la ciudad, mi padre se molestó porque prendí el auto y fui a dar una vuelta a la manzana. Llegué pitando porque estaban unos amigos míos jugando en la acera de enfrente, y yo me quise lucir ante ellos, pues era el único que manejaba coche.

Subí a mi cuarto por la chaqueta y recuerdo que mi padre me reprendió muy violentamente. Yo no entendía por qué me gritaba. Corriendo, me encerré en mi recámara. Mi madre entró y me dijo que le tuviera paciencia porque estaba muy tenso debido a la situación económica que atravesábamos en ese momento: mi padre había renunciado a un alto cargo en el gobierno, porque querían que él autorizara el desviar unas partidas de dinero, muy fuertes, que estaban destinadas a la construcción de unas escuelas. Él se negó y lo obligaron a renunciar. Algunos años después, salió en los periódicos el escándalo del robo millonario de esas partidas. Ya para ese entonces mi padre había muerto y no pudo declarar contra los pillos que se embolsillaron ese dinero.

Recuerdo que le pedí a mi madre que le preguntara a mi padre porque ya no me quería y ella lo hizo. Su respuesta fue una mirada de enojo y reproche. Sin embargo, tenía la esperanza de que, con la intercesión de mi madre, la relación podría mejorar. Pero no fue así, poco a poco nos fuimos distanciando más, hasta el día de su muerte, que ocurrió seis meses después.

Volviendo a la noche de mi cumpleaños, recuerdo que me acosté pero no conciliaba el sueño. De repente comencé a ver una luz tenue que se iba solidificando lentamente al frente de mi cama. La alegría se apoderó de mí y, sin darme cuenta, estaba fuera de mi cuerpo nuevamente. El Maestro se presentó y me dijo:

–¡Feliz cumpleaños, hijo!

–Gracias, Maestro. ¡Qué bueno volverlo a ver! Pensé que todo había sido un bonito sueño y durante todo este tiempo me cuestionaba si había alucinado o en realidad era verdad lo que me pasó aquella noche.

–La realidad siempre supera a la ficción. Lo que ocurre es que el ser humano está tan encerrado en su vida cotidiana que cualquier cosa que se salga de su rutina le parece increíble. Esta noche vamos a ir a un Retiro Etérico muy hermoso, donde te encontrarás con una persona muy especial que te ha acompañado por siglos en tu evolución, pero antes, te voy a enseñar una técnica para que puedas seguirme sin necesidad de que te tenga que tomar la mano. De hecho, con esta técnica puedes trasladarte a donde quieras o acudir a mi llamado cuando así lo requiera –comenzó a explicar–. Lleva tu atención a tu entrecejo y mírame a través de él, concéntrate.

Así lo hice y vi con mayor claridad al Maestro, de hecho, yo era el Maestro. Quiero decir que la sensación de separatividad desapareció en ese momento, podía ver a través de sus ojos, él y yo éramos una sola persona, aunque al mismo tiempo era consciente de estar en mi propio cuerpo etérico y desde ahí podía ver el cuerpo del Maestro. Todo a la vez.

–Si te puedes dar cuenta, todos somos uno y a la vez somos el Todo, la separatividad es una ilusión que solo existe en el plano denso, por eso el hombre se siente solo. En realidad todos estamos interconectados dentro de la Consciencia del Absoluto. Cada vez que te llame, lo único que tienes que hacer es llevar tu atención a tu entrecejo y visualizarme. Instantáneamente estarás donde yo esté.

Ahora vámonos, que tenemos muchas cosas que hacer.

7
Sunhila

–¿A dónde vamos, Maestro?

–A Francia.

Me concentré en el Maestro tal como el me lo había enseñado e instantáneamente estábamos parados frente a un hermoso palacio, de muros de un tono rosáceo que emanaban una radiación de amor indescriptible. Puedo afirmar que es la sensación más hermosa que he sentido en toda mi vida.

–Entremos –dijo el Maestro.

Y una vez más las puertas se abrieron mágicamente. Al traspasarlas vi los jardines más primorosos que alguna vez hubiera conocido, con fuentes de agua –bueno, si así le puedo llamar al líquido que emanaban y que más bien parecía un chorro de luz–; las rosas y orquídeas más grandes y coloridas que jamás había visto –y debo decir que, en Colombia, se cultivan las flores más bellas del mundo–. Lo que mis ojos veían era algo fuera de este mundo. Percibía como si las flores estuvieran gozosas de ellas mismas, pensaba que si las tocaba me iban a hablar. El Maestro sonrío y me dijo:

–Son casi flores humanas, porque están recibiendo la radiación de un ser maravilloso que a continuación vas a reconocer. La naturaleza de estas flores es muy especial, pues tienen el poder de sanar las heridas del corazón con su solo aroma; todo aquel que desee fervientemente ser sanado de una profunda decepción, puede pedir que lo traigan aquí para curarse.

—Pero, ¿cómo es posible que vengan, Maestro, si la humanidad ignora que este lugar existe? De hecho, yo apenas me estoy enterando.

—Ya hay personas que están llevando este conocimiento activamente a la humanidad y poco a poco se va difundiendo. Llegará el tiempo en que va a ser muy familiar para la mayoría. Tu labor, precisamente, va a estar muy relacionada con entregar conocimiento y mucha gente te escuchará y sabrán, en sus corazones, que es cierto.

—Soy muy ignorante, Maestro. ¿Qué le puedo yo ofrecer a la humanidad?

—No, hijo, no lo eres, ni los que te van a escuchar lo son, solamente están dormidos y es tu tarea el despertarlos. Pero bueno, tiempo al tiempo.

—Reciban la radiación del amor.

Esto último lo dijo una dulce voz a mi espalda. Inmediatamente voltee y detrás nuestro estaba parada una mujer bellísima, vestida como una reina, de unas facciones exquisitas que rayaban en la perfección. Mi corazón se aceleró.

—¡Sunilha! —exclamé.

—Tharmet, mi adorado Tharmet.

Inmediatamente por mi mente comenzó a correr la película de una vida mía, muy antigua:

—Pronto serás consagrado como Gran Hierofante del Templo de Osiris en Abydos, Tharmet —me decía Akina, un joven sacerdote que era mi mejor amigo y confidente.

Los dos teníamos la misma edad, 27 años, yo unos meses mayor. Nos habíamos criado juntos, como hermanos, pues sus padres fueron víctimas de una invasión por parte de los ejércitos de Henen-nesut –Heracleópolis, en griego–, capital del Bajo Egipto en aquella época, más o menos entre el año 2050 a 2000 antes de Cristo. Vivíamos en Uaset –Tebas, en griego–. Fue una época muy turbulenta, pues el Faraón Mentuhotep II se encontraba en luchas continuas para unificar Egipto.

Se acercaba la fecha del Solsticio de Verano, cuando tendría mi consagración como Servidor Máximo del Templo de Osiris en Abydos. Llevaba preparándome siete largos años para tan alto cargo. Había sido seleccionado entre veinte aspirantes, todos hijos de las castas más privilegiadas de Egipto. Desde los siete años fui consagrado al Templo de Amón Ra en Karnak. Mi padre era un alto general de los ejércitos del Faraón y, como lo marcaba la tradición de aquella época, el primogénito varón seguiría la carrera del padre; el siguiente, el sacerdocio –podía ser sacerdotisa, si era mujer– y los otros, si los había, se dedicarían a oficios menores.

Para mi madre fue muy doloroso cuando fui entregado al templo, porque no me volvería a ver en años, ya que las reglas eran muy rigurosas y nos exigían a los postulantes, como nos nombraban a los que nos convertiríamos en Hierofantes algún día, total obediencia y desapego a los lazos familiares.

Akina entraría un año después, por deseo propio, ya que quería estar cerca de mí. Su padre había sido médico real y por esa distinción le permitieron el ingreso al templo. Este sería otro dolor para mi abnegada madre, ya que Akina había sido recibido en nuestro hogar a la edad de un año. Milagrosamente se salvó de la matanza donde murieron sus progenitores y sus dos hermanos mayores, todos ellos parientes cercanos de mi padre. Ocurrió que el día en que atacaron el poblado donde tenían su casa de descanso, una sirvienta que era la nana de Akina, lo había llevado al río junto con su propio hijo para bañarlos y permitirles que jugaran. Cuando empezó la matanza, la nana de Akina lo escondió en un cañaveral de papiros, planta que era muy común por aquel entonces a las orillas del Nilo, y huyó con su propio hijo, con la desgracia de haber sido alcanzada por los invasores y masacrada junto a su pequeño.

Dio la "casualidad" de que mi padre se dirigía a esa región con una mesha –como se llamaba a los batallones en Egipto–, para hacer un control de zona y se toparon con los invasores, quienes huyeron al verlos. Una aldeana que también se había escondido en el río, vio cuando la nana había ocultado al niño entre el papiro. Avisó a unos soldados y les dijo que ese niño era hijo del médico real. Inmediatamente, los soldados lo llevaron ante mi padre, y le dijeron lo que la aldeana les había dicho.

Mi padre reconoció a Akina y le llevó a casa, con mi madre, quien lo adoptó como a uno más de mis hermanos. Por eso, para ella fue como si le arrancaran otro hijo del corazón.

Durante diez años no vi a mis padres ni a mis hermanos. Todo ese tiempo estuve estudiando las divinidades del panteón egipcio, astronomía y medicina, ya que eran materias indispensables para la formación del sacerdote.

A los diecisiete años hice mis votos sacerdotales. Mi familia fue invitada a la ceremonia. Mi madre, sorprendentemente, se conservaba casi igual a como la había visto la última vez, pero mi padre sí se había avejentado considerablemente y había perdido su brazo izquierdo en una batalla; mi hermano mayor, Elkasat, ya se había casado y tenía un alto rango en el ejército; mi hermana menor, Sibeth, era una hermosa jovencita que estaba próxima a contraer matrimonio con el mejor amigo de mi hermano. Mi alegría al verlos fue enorme, pero no podía demostrarlo porque era indigno de un sacerdote el mostrar signos de debilidad. Los Mayores del Templo, como se les conocía a los hierofantes de mayor antigüedad o más alto rango, decían que el amor era una manifestación de seres débiles y que por ningún motivo un sacerdote podía presentar signos de debilidad, ya que eso era una deshonra para el templo y para él.

Después de una ceremonia larga y tediosa se nos permitió, por última vez, pasar una noche fuera del templo, con la familia, pues una vez que entráramos por la puerta del Gran Templo de Karnak, morirían para siempre los lazos familiares.

Mi madre y mi hermana organizaron un banquete en mi honor. Mi madre no me decía nada, pero yo veía en sus ojos una profunda tristeza, pues siempre había sido su niño consentido, quizás porque cuando nací, estuve a punto de morir por una infección pulmonar. Los médicos no le dieron ninguna esperanza a mi madre y le dijeron que lo mejor era que me dejara morir lo más pronto posible. Sus lágrimas resbalaban por sus hermosas mejillas y caían en mi rostro, rodando hasta mis pequeños labios. Yo las lamía con mi lengua desesperadamente y con mi manita derecha apretaba su dedo índice como diciéndole, no me abandones, no me dejes morir. Mi madre me apretaba contra su pecho en un intento por pasarme la vida que latía en su corazón. Creo que fueron esas lágrimas y el amor de ella, los que me salvaron, porque poco a poco me fui recuperando.

Esa noche mi padre me llamó aparte y me dijo:

–Hijo, sé que a partir de mañana ingresarás al templo y nosotros dejaremos de existir para ti. Mi corazón se duele porque eres los ojos de tu madre y para ella será como si te bajaran a la cámara de los muertos. Sólo te pido una cosa, que nunca nos olvides y que aun cuando tu vida sea consagrada a uno de nuestros amados dioses, siempre nos tengas en tus santas oraciones.

Por primera y única vez vi llorar a mi padre, a ese general rudo y valiente que ante nada ni nadie se arredraba y mucho menos demostraba debilidad. En ese momento mi hermana Sibeth se acercaba con un bandeja de viandas, cuando vio el rostro de mi padre se le hizo un nudo en la garganta y las lágrimas comenzaron a brotar de sus bellos ojos color avellana. Puso la bandeja en una mesa y se acercó a mi padre estrechándolo entre sus esbeltos brazos. Los dos lloraban desconsolados, mi corazón se constreñía y sentía como si algo de mí estuviera siendo arrancado. No pude contenerme más y los abracé como si no quisiera soltarlos nunca más.

Mi madre había observado la escena desde lejos y discretamente se retiró a sus habitaciones a llorar su pena.

Cuando regresamos al jardín donde se encontraban los invitados, busqué a mi madre con la mirada y no la hallé, le pregunté a una de las criadas y me dijo que la había visto dirigirse a sus aposentos. Fui rápidamente y allí estaba, sentada en el umbral de la ventana, mirando fijamente la luna que le acariciaba el rostro con su tenue luz. Sus delicadas facciones mantenían una frescura juvenil que la hacían ver como una mujer de tan solo veinticinco años cuando en realidad rondaba los treinta y seis.

Al verme, limpió sus lágrimas e hizo un esfuerzo sobrehumano para sonreír.

–Mi pequeño, cómo has crecido, eres más alto que Elkasat y más corpulento, pareciera que el mayor fueras tú. Quién se podría imaginar que ese pequeñín que se aferraba desesperadamente a mis dedos para sobrevivir, se convertiría en un apuesto jovencito. Debo confesarte que le prometí a la madre Isis que, si te salvaba, tu vida sería consagrada al sacerdocio, y creo que mis ruegos fueron escuchados. Ahora, aunque siento una tristeza en mi alma, estoy feliz porque te convertirás en un hombre santo y devoto. No sientas tristeza ni amargura al olvidar para siempre nuestros lazos, piensa que tu consagración y tu bondad serán para mucha gente. Lo único que te quiero decir, hijo mío, es que a pesar de que ya eres un sacerdote del Templo de Amón, no permitas que tu corazón se endurezca, escúchalo y sigue sus dictados. Te doy mi bendición y que la Madre Isis te proteja siempre.

Diez años pasaron desde que recibí la bendición de mi madre aquella noche. A mi padre lo nombraron agregado militar en la lejana Fenicia y no volví a saber de ellos, ni tampoco debía preguntar, pues se suponía que ya no eran nada mío. Mi hermano Elkasat había muerto de fiebre tifoidea cuatro años atrás y mi hermana Sibeth se había trasladado con su esposo a Menfis.

Yo estaba en Tebas, y ese día viajaría a la ciudad sagrada de Abydos, donde sería consagrado y nombrado Alto Hierofante del Templo de Osiris. Allí viviría hasta el día de mi muerte. El único que me acompañaba era Akina, a quien yo había nombrado Hierofante Astrólogo del Templo.

–Ya es la hora –nos dijo un jovencito postulante, que entró al oratorio donde me encontraba haciendo mis últimas alabanzas al gran dios Amón-Ra.

–La barca nos espera, Tharmet. El Gran Hierofante y su séquito ya están en ella –me dijo Akina.

Me sentía algo nervioso pues se trataba de un puesto de altísima responsabilidad para el cual me había tenido que preparar siete años. Durante ese tiempo ninguna mujer pudo tocarme, ni yo a ellas. De hecho, ya no podría tocar a ninguna por el resto de mi vida so pena de ser expulsado del Templo y de morir lapidado.

En la barca que remontaría el Nilo viajaban el Gran Hierofante del Templo de Karnak y su grupo de hierofantes auxiliares. Él haría el ritual de consagración y me colocaría la tiara sacerdotal delante del pueblo de Abydos, nombrándome Protector y Gran Hierofante del Templo de Osiris. Solamente él tenía más rango y autoridad que yo. Nadie más podría desobedecer mis órdenes.

Había estado lloviendo por esos días, cosa extraña ya que era verano y no eran muy comunes las lluvias por esa época, el río estaba crecido y se formaban remolinos muy fuertes en sus aguas, por lo que los barqueros debían ser muy hábiles para sortearlos. Pero esas fuertes corrientes acelerarían nuestro viaje desde Tebas hasta Abydos, de manera que a lo sumo nos tomaría unas diez horas el trayecto.

A mitad de camino, escuchamos un griterío cerca de una aldea, a orillas del río y voces que pedían auxilio. Me aproximé al borde de la barca y pude observar que una joven y una mujer mayor estaban en el agua y luchaban desesperadamente por llegar a la orilla, pero la corriente de un remolino las arrastraba hacia su centro. Su muerte era inminente y nadie intentaba rescatarlas.

–No se puede hacer nada por esas desdichadas; es su destino –dijo el Gran Hierofante.

En ese momento, un coletazo del remolino acercó a la mujer mayor hacia nuestra barca. Desesperadamente, me gritó:

–¡Salva a mi hija, por la gracia de Ra! –luego se hundió una vez más en las furiosas aguas.

Yo voltee a mirar al Sacerdote y este me dijo con severidad:

–Ni lo intentes. Morirás y si sobrevives de igual forma morirás. Recuerda que tú no puedes tocar a ninguna mujer.

En ese instante la jovencita hacía un último esfuerzo para no ahogarse. Recordé las palabras de mi madre y sin pensarlo más, me lancé al río. Sólo escuché la voz del Gran Hierofante que me gritaba.

–¡Maldito! ¡Maldito! ¡Insensato! ¡Morirás!

La corriente era terriblemente poderosa y rápidamente me arrastró hacia el remolino, pero sabía que no debía luchar contra ella. Simplemente me dejé llevar. Levantando la cabeza trataba de ubicar a la jovencita que se ahogaba, pero no la veía por ningún lado. Pensé que había sido inútil y que quizás ya estaría muerta pero, de pronto, la vi salir nuevamente a la superficie casi desfallecida. Nadé con todas mis fuerzas hacia donde estaba. En un esfuerzo desesperado, le pedí a la Madre Isis que me ayudara. Misteriosamente, una corriente me llevó justo hasta la joven que ya no estaba consciente y empezaba a hundirse. Con mi mano alcance a tomarla de los cabellos, luego pasé mi brazo libre por su cuello, tratando de mantenerla fuera del agua. La corriente del remolino era muy fuerte pero puse en práctica las habilidades de nadador que había aprendido aun siendo postulante, cuando durante una época me tocaba ir al río por el pescado para el templo. Los pescadores me enseñaron a nadar. En varias ocasiones observé que algunos se tiraban a los remolinos y salían nadando tranquilamente a la orilla. Les preguntaba por qué no se ahogaban y ellos me decían que el secreto para salir de la corriente del remolino es, primero, no entrar en pánico, segundo, no nadar con los pies, pues si tratas de moverlos estos se enredaran con las corrientes, quedarás vertical y el remolino te hundirá y, tercero, bracear en la misma dirección de la corriente, pero hacia la orilla pues la misma fuerza de la corriente te impulsará hacia afuera.

–Isis, ayúdame –pedía yo.

Con mi brazo derecho braceé con todas mis fuerzas. Por fortuna la jovencita se hallaba inconsciente o muerta, no lo sabía en ese momento, y eso me permitió nadar sin su resistencia. Fueron minutos que me parecieron una eternidad. No era fácil bracear arrastrando a una persona, contra la furia de la corriente tratando de llevarte al centro, sin embargo, mantuve la calma y poco a poco fui ganando la orilla. Estaba agotado. Por un instante me desplomé en la arena. Varias personas corrían hacia nosotros. Un hombre muy fuerte me levantó en sus brazos y en esos momentos perdí la consciencia.

Al despertar estaba en una cabaña, acostado en el suelo, encima de una estera, me dolía todo el cuerpo y no podía levantar los brazos. Una anciana se acercó trayendo un cuenco y se arrodilló junto a mí. Puso mi cabeza encima de su muslo y me pidió que bebiera para que me recuperara. Era caldo de pescado.

Lentamente volvieron mis fuerzas y, haciendo memoria, pregunté:

–¿Qué ha pasado con la joven?

–Ella está bien –respondió la anciana–. Has arriesgado tu vida por Sunilha.

–Sunilha.

–Es mi nieta. La pobre se ha quedado huérfana, su madre no tuvo tanta suerte.

–Cuánto lo siento, pero sólo podía salvar a una.

–Así lo hubiera querido su madre.

–Precisamente fue el ruego desesperado de ella lo que me impulsó a tirarme al río para salvar a tu nieta Sunilha. Que la Madre Isis la cobije bajo su manto.

En esos momentos entró un hombre alto y fuerte, riéndose.

–¡Conque ya recobró el conocimiento, el héroe!

Recordé su rostro, pues era el mismo hombre que me había alzado en la orilla del río.

–Soy Kameth, el tío de Sunilha y ésta es mi madre, Anisha.

–Gracias por ayudarme –le dije.

–Eres sacerdote, ¿verdad?

Un escalofrío me corrió por la espalda al recordar al Gran Sacerdote y su comitiva.

–¿Están aquí? –pregunté un tanto alerta.

Yo no sabía que mientras estaba inconsciente, en la barca desde la que me lancé, se había dado un diálogo decisivo para mí.

–¿Qué hacemos, Gran Hierofante? ¿Detenemos la embarcación para salvar a Tharmet?

–¡No! –gritó el sacerdote–. Ese infeliz merece la muerte, nos ha deshonrado a todos y al templo, dejad que se ahogue.

–Pero, Gran Hierofante, entonces ¿quién será el Gran Hierofante del Templo de Osiris en Abydos? –inquirió Akina.

–Tú. Sí, tú serás el Gran Hierofante en Abydos.

–¿Yo? Pe...pe...pero no me siento preparado para ello. Además Tharmet...

–Tharmet está muerto y, si no lo está, será tu obligación el buscarlo y ejecutarlo por haber desobedecido mis órdenes. ¿Está claro o tú también me vas a desobedecer?

–No, Gran Hierofante, será como usted diga.

–Bien, entonces continuemos porque debemos llegar a Abydos al amanecer.

–¿Por qué te has puesto pálido? –me preguntó Kameth.

Tratando de disimular, le dije:

–Por nada, es sólo que debía llegar con ellos a Abydos.

–Pues no se han detenido y ya deben haber arribado, porque ya es de mañana.

–¿Cuánto tiempo estuve inconsciente?

–Desde ayer en la tarde. Dormiste toda la noche y parte de la mañana de hoy –dijo Anisha.

Instantáneamente me puse de pie y caminé hacia la puerta de la cabaña. En ese momento venía entrando Sunilha y casi nos tropezamos.

–Disculpa, casi te he atropellado al salir –le dije.

–No debes disculparte conmigo –me contestó Sunilha–, antes yo vengo a agradecerte el haberme salvado la vida. Me dijeron que luchaste con el remolino y lograste sacarme. No sé cómo pagarte lo que has hecho por mí.

–No tienes que pagarme nada, lo hice porque tu madre me lo suplicó y creo que fue su última voluntad.

–Pero tú eres sacerdote, ¿verdad?

–Era –dije bajando la cabeza y mirando fijamente al suelo.

–¿Por qué? –me preguntó con su voz ingenua.

–Es algo largo de explicar. Lo mejor será que me vaya.

–Espera muchacho –me dijo Kameth–, ¿a dónde vas?

–Debo alejarme pronto de aquí.

—Pero, ¿a qué le temes? Creo que te hemos tratado bien y además estamos en deuda contigo por haber salvado a mi sobrina Sunilha.

—No es por ustedes, al contrario, es para protegerlos.

—¿Protegernos, de quién? ¿Qué secreto guardas, sacerdote?

—Es mejor que no me preguntes y déjame partir cuanto antes.

—Por lo menos ¿me puedes decir a dónde vas?

En ese momento caí en la cuenta de que no tenía a donde ir. Quizás debía viajar al norte para embarcarme hacia Fenicia en busca de mis padres, o viajar a Menfis a encontrar a mi hermana Sibeth. Pero sería muy arriesgado, pues hasta allí llegaban los ojos y los oídos del Gran Hierofante. Además, no tenía dinero para el viaje. ¿Qué podía hacer?

—Te has quedado callado, ¿acaso algo te preocupa? —preguntó Kameth.

—Me acabo de dar cuenta que no tengo nada más, en este momento, que mi túnica y mis sandalias.

—Lo mejor es que te serenes y confíes en mí. Yo te voy a ayudar. ¿Podrás confiar?

Lo miré a los ojos y vi su alma buena. Sonreí y respondí:

—Claro que puedo confiar en ti.

—Si es así, dime qué es lo que te inquieta, porque puedo percibir un desasosiego en tu actitud.

—Creo que tienes razón, si voy a confiar en ti, lo mejor es que sepas en qué situación me encuentro en este momento.

Me senté y les narré todo.

—¡Por el Ojo de Horus! —exclamó Kameth—, la situación es más grave de lo que me suponía. Debemos actuar rápido. Sunilha está prometida a un comerciante de linos en Tanis y se supone que partiríamos en una semana para su boda. Creo que lo mejor es adelantar el viaje e irnos en dos días. No creo que vengan a buscarte tan pronto, además diremos que te ahogaste, pues cuando saliste a la orilla, la barca ya había doblado el recodo del río, luego no hay posibilidad de que te hayan visto salir. Desde Tanis te será fácil viajar a Tiro y allí puedes buscar a tus padres.

Sería un viaje de dos semanas hacia el norte, hasta llegar al delta del Nilo, en el Mediterráneo.

Kameth estaba contento con la idea de adelantar el viaje, ya que nunca había viajado tan lejos, pues se dedicaba a la cría de cabras y camellos. Sus correrías comerciales no iban más allá de Khemnu, al norte y de Edfu, al sur. Se podía decir que era un hombre rico, pues contaba con más de quinientos camellos en su haber.

La única que no parecía feliz con la partida era Sunilha. Según me dijo Anisha, su abuela, su futuro esposo era un hombre viejo y déspota, que contaba con mucha riqueza y era uno de los principales proveedores de telas y sedas en Tebas y Menfis. Poseía barcos y muchas propiedades en todo Egipto y allende el Gran Mar, como le decían al Mediterráneo en aquella época. Conoció al padre de Sunilha en Tebas, entabló una gran amistad con él y en alguna ocasión le pidió que le concediera a Sunilha como esposa, cuando ella estuviera en edad de casarse. En aquellos tiempos era muy común que los padres decidieran el futuro de sus hijos sin siquiera consultarles y las mujeres no tenían ningún derecho, ni siquiera sobre su propia felicidad. El padre de Sunilha había muerto hacía dos años, a consecuencia de una mordedura de serpiente, en uno de sus viajes comerciales. El viejo prometido ya le reclamaba a Kameth que le llevara a Sunilha a Tanis, tal como lo había acordado en vida con su padre.

Sunilha era una jovencita hermosa, con un cuerpo bien proporcionado y una cara angelical. Sus ojos almendrados y vivaces llamaban la atención en cuanto la veías; su carácter era alegre y fuerte a la vez, miraba sin complejos y a los ojos –algo que no era común en las mujeres de esa época–.

Se esmeraba en atenderme y me hacía constantes preguntas sobre los dioses y el cielo. Tenía una curiosidad inusitada y yo me sentaba largas horas con ella y le hablaba sobre el panteón egipcio. Por las noches le enseñaba a distinguir las estrellas. Lentamente me fui enamorando de esa hermosa jovencita que sólo tenía dieciséis años y creo que ella también se estaba enamorando de mí, pues varias veces la sorprendí mirándome, con esos ojos que solo tienen los que están enamorados. Al verse descubierta se sonrojaba y se volvía torpe en sus movimientos. Yo me hacía el desentendido para no avergonzarla, pero mi corazón latía aceleradamente, deseaba abrazarla y besarla.

Nuestro viaje iba llegando a su destino y ya viajábamos por los pantanos del Delta. El puerto de Tanis se hallaba tan solo a un día de camino.

Esa última noche de viaje decidí confesarle mi amor a Sunilha.

–Sunilha, ven que te quiero mostrar un grupo de estrellas que conforman la constelación de Horus –la invité con voz trémula. Se me estremecía el cuerpo y tenía una sensación en la boca del estómago que me producía cosquillas.

Sunilha dejó rápido sus ocupaciones y corrió hacia mí. Estábamos solos, pues Kameth y los demás estaban reunidos alrededor de la fogata del campamento, celebrando y hablando de los grandes negocios que harían en Tanis; todos bebían y se emborrachaban.

Le dije a Sunilha que me acompañara a un sitio más alejado donde pudiéramos ver las estrellas sin la interferencia de las fogatas del campamento. Caminamos hasta no ver más las luces y cuando estábamos completamente solos le dije:

–Sunilha, yo...

–Shhh, no digas nada, se lo que tu corazón quiere decirme, porque mi corazón ya escuchó al tuyo y muere de dicha y de tristeza, pues ya está prometido a otro, que ni siquiera llegará a amar.

Lentamente se acercó y puso su cabeza en mi pecho, yo la abracé con toda mi pasión, mis labios buscaron los suyos y nos besamos como si quisiéramos fundirnos el uno en el otro.

Yo no iba a renunciar tan fácilmente. Haría lo que fuera por el amor de Sunilha.

–Soy Kameth el tío de Sunilha. Busco a Balamar.

–El amo Balamar está en Damasco y regresa hasta dentro de una semana –fueron las palabras del criado de la casa, del que sería el esposo de Sunilha.

Mi felicidad fue mayúscula al saber que contaba con una semana más para estar con mi amada Sunilha. Sin embargo, para Kameth fue una contrariedad, pues no pensaba quedarse más de tres días en Tanis, ya que debía regresar a sus negocios en Dendera. Nunca consideró que Balamar pudiera estar viajando.

–No sé qué hacer, Tharmet. Tengo muchos pendientes en Dendera y en realidad me toma por sorpresa que el viejo Balamar no este para recibir a Sunilha.

–Si quieres yo me quedo con Sunilha y su criada de confianza.

–¿Harías eso por mí, Tharmet?

–Con gusto, Kameth. Tú regresa a Dendera que yo espero al viejo Balamar para entregarle a Sunilha. Finalmente, no tengo prisa en viajar a Tiro.

–Gracias, amigo. Hace unos días salvaste a mi sobrina y ahora me salvas a mí –rio de buena gana–. Ahora aprovecharé para ir al puerto y vender algunos camellos y cabras. Quién sabe, a lo mejor consigo unas perlas para llevarle a la fiera de mi esposa, Marena –volvió a soltar la carcajada.

Kameth era muy alegre, en realidad, nunca se enojaba. Las personas lo buscaban para pedirle ayuda y consejo. Siglos más adelante me lo volvería a encontrar, en otras encarnaciones y, en la actual es mi hermano M.

–Sobrina mía, ya debo partir. Espero que seas una buena esposa y cumplas los deseos de tu padre. Sé que Balamar no es el hombre que deberías esposar, ya que es viejo, pero tú sabrás manejar la situación. Mira, en este baúl esta tu dote, es la herencia de tu padre, con ella podrás vivir cómodamente por el resto de tus días. Recibe mi bendición y que los dioses te acompañen siempre.

Sunilha lloraba en silencio, pues sabía que no podía desobedecer la voluntad de su difunto padre. Yo también sufría porque me resistía a perderla.

–Tharmet, en el poco tiempo que llevo de conocerte te he llegado a querer como a un hijo, ese hijo que nunca tuve. Espero que encuentres a tus padres en Tiro y, por favor, vela porque la voluntad de mi hermano se cumpla. Puedes presentarte como mi hijo ante Balamar, pues para mí ya lo eres.

–Pues yo también te siento como alguien muy especial en mi vida –respondí–, y velaré porque se dé lo mejor para Sunilha. Que tengas un buen viaje y dale mis respetos a tu madre Anisha.

Nos quedamos solos en Tanis junto con la criada de Sunilha. Nuestro amor se acrecentaba con cada minuto que pasaba. Sin embargo, las palabras de su tío me martillaban en la cabeza y sabía que no podía traicionar su confianza.

A los pocos días llegó el viejo Balamar y me presenté ante él como el hijo de Kameth.

–Respetado Balamar, soy Tharmet, hijo de Kameth, estoy aquí para hacer cumplir la voluntad de mi tío Djoser, padre de Sunilha.

El viejo Balamar me miró como si fuera una mercancía más de su negocio y con una risita malévola me dijo:

–Querido sobrino de mi gran amigo y difunto Djoser, me da una gran alegría el tenerte aquí junto con la que va a ser mi esposa. Por cierto, ¿dónde está?

–Sunilha se encuentra algo indispuesta, pero para la cena estará con nosotros.

–Muy bien, dejémosla descansar. Mientras tanto, hay algo que quiero decirte. Realizaremos la boda en Cirene –que es un puerto en la actual Libia–, de allá soy yo y tengo una villa muy grande que es donde quiero que viva Sunilha. Partiremos en barco en dos días.

–Se hará como digas, Balamar.

Había algo que no me gustaba en ese hombre, podía intuir que algo no estaba bien pero no sabía qué era. Lo veía hablar en voz baja con su administrador, Jaret, un hombre moreno y mal encarado que gritaba a los demás trabajadores y que siempre traía consigo un pequeño látigo. Creo que yo no le caí bien, porque me miraba con desprecio y siempre que pasaba cerca de mí me esquivaba la mirada.

Esa tarde, llegaron unos briosos caballos nubios, de belleza impresionante, en especial un corcel negro que parecía casi azul por lo intenso de su color. Los esclavos trataban de controlarlo pero el animal tiraba coces y no permitía que se acercaran. Según me enteré, estos animales eran para el regente de Cirene.

Me había ido al puerto a preguntar por un barco que me pudiera llevar en un par de semanas a Tiro, y que estuviera dispuesto a aceptar mis servicios como médico durante el viaje, para pagar de alguna manera el servicio, ya que no contaba con dinero a pesar de que Sunilha me había ofrecido una suma importante, que yo rechacé pues no quería aprovecharme de su amor. Afortunadamente había aprendido muy bien el arte de la medicina durante mi instrucción en el templo. Los sacerdotes de Karnak tenían una muy buena reputación como médicos en Egipto y allende sus fronteras, bien podría dedicarme a esa profesión y vivir cómodamente el resto de mi vida, aunque que tendría que ejercerla lejos de Egipto, pues estaba en peligro de ser descubierto por el Gran Hierofante, quien tenía agentes por todas partes y en algún momento se podrían enterar de mi identidad. Me estaba creciendo el cabello, lo cual era bueno porque así no me podrían reconocer como sacerdote. En aquella época, al entrar al noviciado, lo primero que hacían era rapar completamente al postulante y en ese estado nos obligaban a permanecer siempre, así que en realidad yo no me conocía con cabello, hasta ahora.

Al regresar, ya de noche, escuche gritos y algarabía en la villa de Balamar. Rápidamente ingresé al patio central y allí, tirado en el suelo y con el rostro desfigurado, se encontraba Jaret, el administrador de Balamar. El brioso corcel lo había pateado violentamente y el hombre se debatía entre la vida y la muerte. Inmediatamente me hice cargo de la situación, ordené que lo llevaran a su habitación, pedí vendas, agua caliente y carne fresca para colocar en la herida.

Su estado era crítico, pero aún estaba consciente. Balamar me preguntó dónde había aprendido medicina. Le dije que con un médico de Tebas, para evitar hablar del templo y de mi pasado como sacerdote.

—Por favor, déjenme solo con el enfermo. Necesita aire fresco. Yo me ocuparé de él durante la noche. Haré todo lo que esté a mi alcance.

Balamar me hizo señas desde la puerta y fui hasta donde se encontraba. Me preguntó si se salvaría y yo le respondí que estaba muy grave.

Toda la noche estuvo con fiebre y delirando. Sabía que su rostro estaba infectado y que se estaba extendiendo la infección a todo el cuerpo. Al patearlo, el caballo tenía boñiga en sus cascos y esa era la causa de la infección.

No había podido hacer mucho por aquel hombre, ya que no contaba con ungüentos ni medicinas para ayudarle. Se encontraba pues cerca de la muerte.

Antes del amanecer, Sunilha había entrado para ayudarme. El hombre despertó y con voz entrecortada nos dijo:

—Perdónenme, yo sé que me estoy muriendo, quiera el Gran Anubis recibirme en su morada para que yo descanse en paz. Debo decirles algo terrible: están en peligro —Sunilha y yo nos miramos desconcertados, sin embargo, creo que mis presentimientos se iban a confirmar con esta confesión—. Deben huir de aquí lo más pronto posible.

—¿Por qué? —preguntamos al mismo tiempo.

—Mi amo, Balamar, es un hombre muy malo. Quiere vender a Sunilha en Cirene y también a ti. Él ya es un hombre viejo e impotente, muchas jovencitas han corrido con esa suerte, les dice a sus parientes que se las lleva lejos, a ciudades donde sabe que no irán a visitarlas y si en dado caso llegasen a ir, les inventa que murieron de alguna enfermedad. Yo fui su cómplice en esas fechorías, pero ahora que sé que el carruaje de Anubis se acerca por mi alma, debo enmendar de alguna forma todo el daño que hice. Por eso no puedo permitir que los lastimen.

Alcáncenme ese cofre que está en la mesa, –señalaba con la mano hacia el rincón más alejado de su habitación. Yo me levanté y se lo llevé. Lo abrió y saco un anillo de oro que tenía grabada una inscripción en un idioma desconocido para mí–. Tomen este anillo y vayan al puerto, pregunten por Narmer y enséñenle el anillo, cuéntenle lo ocurrido. Él les ayudará.

Su respiración agitada se iba apagando. Lentamente, cerró los ojos para no volverlos a abrir.

8

La huida

Sunilha me miró asustada, apretándome las manos con fuerza.

–Estamos en peligro, Tharmet. ¿Qué vamos a hacer?

–Tranquila, mi dulce Sunilha, que mientras esté yo a tu lado, juro por el Cetro de Ra que nada te pasará. Déjame pensar en una solución. Por lo pronto voy a avisarle a Balamar que su administrador ha muerto.

Pero Balamar parecía preocupado por otros asuntos.

–Que contrariedad, ahora tendré que posponer el viaje unos días mientras consigo un nuevo administrador. Se me está ocurriendo algo: tú podrías ser mi administrador, Tharmet.

–Lo siento, Balamar, pero tengo que marchar a Tiro, porque debo atender unos asuntos muy importantes. Además, no sé nada de números y cuentas. No sabría manejar tu fortuna.

–Bueno, yo te podría enseñar. Además, te pagaría muy bien.

–La oferta es tentadora, pero en este momento me es imposible complacerte. Si tú quieres, deja que viaje y resuelva mis pendientes y regreso contigo.

Al viejo Balamar no le gustó mi negativa, pero se conformó con mi última propuesta.

–Que así sea, ve a Tiro y te espero en dos meses, de vuelta.

–¿Y tu boda con Sunilha?

–Ya habrá tiempo para ello. Tal vez en una semana viaje a Cirene y me case.Una imperceptible sonrisa se dibujó en el rostro del malvado anciano. Vi que le caía de perlas el que yo me fuera para Tiro, pues facilitaría sus planes con Sunilha, pero yo no se lo iba a permitir.

Esa mañana fui al puerto en busca de Narmer. No fue difícil hallarlo. Se encontraba dirigiendo la estiba de un barco con destino a Sidón. Era un hombre no muy alto pero si muy recio, parecía que sus venas iban a estallar. Su rostro barbado y quemado por el sol, mostraba a un hombre sencillo pero trasparente. Me acerqué y le llamé por su nombre.

–¡Narmer!

–¿Quién me llama? –replicó sin dejar de dirigir a los esclavos.

–Soy Tharmet y alguien me ha enviado contigo.

–¿Quién pudo ser?

–¡Jaret!

Al pronunciar el nombre del administrador, Narmer se detuvo y me miró fijamente.

–¿Cómo puedo saber que vienes en nombre de Jaret?

Saqué el anillo y se lo entregué. Tomándolo entre sus manos y verificando la inscripción me dijo:

–¿Qué puedo hacer por ti?

–Necesito tu ayuda.

Le narré todos los hechos que habían acaecido desde la llegada de Balamar a Tanis, hasta la trágica muerte de Jaret.

–Jaret fue como un hermano para mí, el me rescató de la muerte hace mucho tiempo. Unos asaltantes de caravanas nos emboscaron en un viaje a Napata, en el país de los nubios. Acuchillaron a todos y yo quedé gravemente herido. Ya me daba por muerto cuando apareció Jaret con un grupo de jinetes y me salvó la vida. Ahí nació una fuerte amistad entre los dos. Ahora, por su memoria, te ayudaré a escapar. El barco zarpa mañana antes de que el sol salga. Yo arreglaré todo con el capitán, le diré que eres un primo lejano que viaja con su esposa. No habrá problema pues es de mi confianza.

–Gracias, Narmer. Ahora no tengo como pagarte, pero si algún día nos volvemos a encontrar, en otras circunstancias, sabrás que cuentas con un amigo incondicional.

Regresé rápidamente a la villa y le dije a Sunilha lo de la marcha en la madrugada. Debíamos idear una manera de huir sin ser vistos. De repente, se me ocurrió una idea: ir al mercado y buscar una pócima para inducir al sueño. Sunilha me dio láminas de cobre –que eran la moneda de esa época, como lo eran también el oro y, en menor medida, la plata, que era muy escasa y valía más–.

Fui al mercado, busque hasta encontrar a un boticario, pero antes de comprarla le pregunté:

–¿Cómo me demuestras que sí funciona?

–Espera un momento –respondió, y le habló a un jovencito que se encontraba frente al negocio. Le pidió que consiguiera un perro callejero. El chico salió disparado hasta perderse entre la multitud. Al poco tiempo regresó con un perro flaco. El boticario tomó un cuenco con agua y le puso un poco de los polvos para dormir.

–Le he puesto más de lo recomendable, para que veas el efecto casi de inmediato.

Efectivamente, a los pocos minutos el animal cayó en un sueño profundo. Me cercioré de que estuviera dormido y no muerto. Ya convencido, regresé a la villa, pensando en cómo pondríamos los polvos en la cena de esa noche.

A Sunilha se le ocurrió una brillante idea: le dijo a Balamar que ella quería agasajarlo preparándole la cena pues quería irse acostumbrando a ser matrona. A él le encantó la propuesta y no puso ninguna objeción. Con cuidado, Sunilha echó las cantidades que yo le había indicado, en los platos de Balamar y de los sirvientes que vigilaban la villa en las noches. Todo salió como lo planeamos. Todos quedaron profundamente dormidos. Sólo se oían los ladridos de los perros y nadie se percató de nuestra huida.

Llegamos justo a tiempo para embarcarnos. A la criada, como no la podíamos llevar, Sunilha le dio unas láminas de cobre y algunos gramos de oro, para que regresara a Dendera y contara a Kameth lo sucedido.

–¡Sidón a la vista! –grito el vigía del barco.

Fue un viaje relativamente tranquilo de una semana. Al llegar al puerto, el capitán del barco nos recomendó con un barquero que nos llevaría a Tiro, en un corto viaje de unas seis horas, bordeando la costa. La embarcación era pequeña pero rápida. Al anochecer estábamos en Tiro, buscamos una posada para pernoctar y al día siguiente emprendimos la búsqueda de mis padres.

–Sí, los cónsules de Egipto viven en el barrio alto de la ciudad –nos dijo el intendente de Tiro–. Mi asistente los guiará hasta su villa. Sean bienvenidos.

Era la forma más rápida de encontrarles. Al presentarme ante el intendente y decirle que era hijo del agregado militar del cónsul de Egipto, sus elogios a mi padre no se hicieron esperar y rápidamente puso a nuestra disposición un carruaje para llevarnos a la villa de mis padres. Yo estaba ansioso por verles. En definitiva iba a ser una sorpresa para ellos.

–Soy Tharmet, hijo de Ramades, agregado militar en este consulado –dije al guardia que se encontraba a la entrada.

–Espera un momento –contestó el guardia.

Al cabo de un minuto salió un hombre vestido con una túnica blanca y collares de lapislázuli. Podía intuir que era el cónsul egipcio.

–¿Tú eres el hijo menor de Ramades?

–Así es –respondí.

–Tengo entendido que eres hierofante, pero no lo pareces pues traes cabello y no veo la tiara sacerdotal.

–Es una larga historia que te contaré, si me permites, después de encontrarme con mis padres.

–Temo que has viajado en vano. Tu padre falleció hace dos meses y tu madre marchó a Menfis, a la casa de tu hermana, tan sólo una semana atrás.

En ese momento se me nubló la vista, sentí un dolor profundo al saber que mi padre había marchado a la morada de Anubis y mi madre... a mi madre no la volvería a ver más en esa vida.

No sabía qué hacer pues no podía regresar a Egipto, de hecho, no le podía decir la verdad al cónsul, ya que inmediatamente me haría apresar y me regresaría a Tebas para ser ejecutado. Quizás si hubiera estado solo, no me hubiera importado, pero ahora tenía a Sunilha y ella nada más me tenía a mí. Tenía que pensar una solución, y pronto, para alejarme de allí.

–Y el cuerpo de mi padre, ¿en dónde ha sido enterrado?

–A las afueras de Tiro hay un cementerio, en él encontrarás una sección donde están las mastabas de los egipcios. En una de ellas está tu padre. Se le hicieron todos los honores propios a su alto rango.

–Debo ir inmediatamente a verlo –afirmé.

–Pero primero deberían descansar un poco. Por cierto, ¿quién es la jovencita que te acompaña?

Sin vacilar, le dije que era una pariente del Gran Hierofante a quien debía acompañar a Damasco, pero que viajábamos de incógnito, pues había enemigos del Gran Hierofante que deseaban la muerte de la joven, por eso mi apariencia era diferente a la conocida entre los sacerdotes.

–El Gran Hierofante de Karnak, depositó en mí su confianza para llevar a su sobrina a Damasco, donde sus familiares la están esperando.

–Pero, ¿por qué la quieren asesinar? –preguntó el cónsul.

–En realidad, el Gran Hierofante no me lo quiso decir, tan sólo me advirtió que nadie se debía de enterar de este viaje. Te lo estoy contando porque eres el cónsul y puedo pensar que fuiste amigo de mi padre.

–Puedes confiar plenamente en mí. Tu padre y yo fuimos grandes amigos, de hecho, junto con mi esposa Sagira, tratamos de convencer a tu madre para que se quedara aquí, con nosotros, en Tiro, pero no tuvimos éxito –tras una pausa continuó–. Por favor, pasen.

No tuvimos más remedio que entrar a la villa del cónsul, nos pudimos dar un baño y comer bien. Su esposa resultó ser una mujer encantadora, que rápidamente se encariñó con Sunilha.

–Me recuerdas a mi hija Neftis. Tenía tu edad cuando murió.

–Cuánto lo siento –exclamó Sunilha.

–Debes estar cansada, ¿te quieres recostar un rato?

–No quisiera incomodarla. Mejor voy con Tharmet a visitar la tumba de su padre.

–No, hija, no me incomodas, al contrario, para mí es una dicha el tenerte aquí. Hace tanto tiempo que no recibía una visita de Egipto, que tu presencia es un gran acontecimiento en mi rutinaria vida.

En realidad, casi no habíamos dormido debido a la tensión de los acontecimientos y Sunilha estaba agotada del viaje, así que aceptó el ofrecimiento de Sagira. Yo fui con Amal, el cónsul, a visitar la mastaba de mi padre.

Dos días estuvimos en Tiro, luego decidimos irnos para Damasco y ya veríamos que haríamos allí. Lo importante era alejarnos lo más que pudiéramos de Egipto, además, cabía la posibilidad que el viejo Balamar nos mandase buscar.

El día de la partida, Sagira lloró y le pidió a Sunilha que no se olvidara de ella, que la considerara una segunda madre y como prueba de cariño le regaló las joyas que habían sido de su hija Neftis. Sunilha le prometió que siempre pensaría en ella y que, cuando tuviera la oportunidad, la visitaría. Por su parte, Amal me dio una buena cantidad de oro y cobre para mis gastos, ya que intuyó que no traía mucho conmigo. Me sentía mal por haberle mentido, pero sopesaba el hecho de que pudiera ser apresado y que perdería a mi Sunilha. Quizás más adelante, si el destino me lo permitía, le contaría toda la verdad. Lo cierto es que quien le refirió lo acontecido en Tebas fue el propio Akina, puesto que, un año después de que estuvimos en su villa, Amal fue llamado al palacio del Faraón Montuhotep II. Allí conoció a Akina, que había sido nombrado Gran Hierofante de Karnak, pues el anterior hierofante había muerto intempestivamente. La orden de matarme había muerto con él, pero de eso yo no me enteraría hasta muchos años después.

Viajé a Damasco con Sunilha, sin saber qué iba a ser de nuestro destino. No conocíamos a nadie en esa ciudad, así que le pedí a la Madre Isis que nos guiara en esta nueva aventura. Con parte de la dote de Sunilha, y con el oro y el cobre que Amal me proporcionó, compramos una casa bastante amplia en el centro de la ciudad, y adquirí ungüentos y utensilios para ejercer mi profesión como médico. En aquella época eran muy escasos los médicos que hubiesen estudiado y menos los que lo hicieran con los sacerdotes del Templo de Karnak. Cuando la gente se enteró que estaba en Damasco un médico tan preparado, se extendió la noticia y no me faltaron pacientes.

En corto tiempo recuperé la parte de la dote que había gastado Sunilha y la riqueza comenzó a llegar a nuestro hogar. Al año de vivir en esa ciudad, nació Azeneth, una hermosa niña que se convirtió en mi adoración. Tenía los mismos ojos de su madre.

Vivimos felices durante cinco años, hasta que los extranjeros nos convertimos en no deseados por el rey Shem-Kenath y tuvimos que abandonar todo para no ser asesinados.Durante el tiempo que vivimos en Damasco había cultivado lazos de amistad con mercaderes sumerios que me traían, de esas lejanas tierras, ungüentos, medicinas y pócimas que me eran muy útiles en mi profesión. Al darse la persecución, decidí viajar a la ciudad de Uruk, en Sumeria. Allí sería bien recibido por varios mercaderes que residían allí.

Después de un largo viaje llegamos a Uruk, una gran metrópoli que por aquella época era lo más desarrollado que existía en el mundo. La cultura sumeria era la más prodigiosa y sus ciudades las más avanzadas: contaban con sistemas de acueductos que servían a la gran mayoría de las casas en la ciudad; había drenajes para las aguas negras; los baños eran cosa común en las viviendas y la salubridad en general era muy buena para la época.

Rápidamente me puse en contacto con los amigos mercaderes y ellos nos ayudaron a instalarnos en una villa muy hermosa, que conseguimos por un buen precio. También se encargaron de decirle a todo el mundo que yo era médico de Karnak, e inmediatamente me llegaron muchos pacientes. En términos generales, no fue drástico el cambio, salvo por el idioma, pero poco a poco fui aprendiéndolo y no me dificultó mi labor.

Sunilha estaba ya por sus veintiún años y era muy hermosa, mi pequeña Azeneth tenía cuatro años y era la luz de nuestro hogar.

Al poco tiempo de vivir en Uruk, mi Sunilha quedó nuevamente encinta. Fue un embarazo muy difícil que la hizo permanecer continuamente en cama. Yo estaba muy preocupado y procuraba todo el tiempo estar a su lado.

–Siento que la vida se me escapa, Tharmet. Creo que tendré que entregarla para que viva nuestro hijo.

–No digas eso, vida mía, la Madre Isis te protegerá y no permitirá que te vayas de mi lado. No lo resistiría, luz de mis ojos, tienes que ser fuerte y vivir. El bebé te necesita; Azeneth te necesita y yo no podría vivir sin ti.

Mi corazón se estaba rompiendo en mil pedazos.

–No llores, mi amor, he sido muy feliz a tu lado. Si me voy, me iré agradecida con los dioses por haberme permitido ser tu compañera estos últimos años y le pido a la Madre Isis que en la otra vida nos volvamos a encontrar.

Lloraba amargamente cuando me encontraba solo, porque veía que la vida de mi Sunilha se agotaba poco a poco. Convulsionaba y la abrazaban fiebres intensas. Yo hacía todo lo que estaba a mi alcance para ayudarla.

Estaba en su sexto mes de embarazo cuando un día, sobresaltada, me dijo:

–¡Tharmet!, ¡Tharmet!, hace varios días que no siento al bebé, no se mueve.

Me acerqué y puse mi oído en su panza. Estaba muy fría y no escuchaba nada. Le hice un pequeño masaje para ver si el feto se movía, pero no hubo respuesta. Inmediatamente supe que estaba muerto y que tenía que sacarlo cuanto antes, pues mi Sunilha se estaba envenenando con el humor. Pero estaba muy débil y sería muy difícil que resistiera la operación.

—Mi amor, el bebé ya no está con vida.

—Es mi culpa, es mi culpa, es mi culpa —se recriminaba Sunilha, pero yo la calmé y le expliqué que no era así, que los dioses lo reclamaron para ellos porque quizás era un alma noble que merecía más estar en la morada de los dioses que en esta tierra.

Hacía hasta lo imposible por evitarle más dolor a mi amada esposa. La abrazaba y la besaba con todo mi aliento, quería darle mi vida. Azeneth intuía que algo pasaba y se acercó al lecho preguntándonos por qué llorábamos. Secándome las lágrimas le expliqué que su hermanito no vendría a nuestro hogar y que, por eso, mamita estaba triste. En su inocencia nos contestó:

—Entonces tendré que seguir jugando sola. ¡Qué triste! —y se fue a su cuarto.

Sin perder más tiempo comencé a alistar la operación de Sunilha. Tenía una aprendiz llamada Mardenia, que desde que llegué a Uruk estuvo ayudándome con los pacientes. Contaba con veinte años de edad y era muy inteligente. Era hija de un amigo mercader. Mardenia se había sentido atraída por la medicina y no le interesaban los chicos, ella sólo quería aprender a sanar, pero en aquel tiempo era muy mal visto que una mujer se comportara de igual a igual con los hombres y les negaban el acceso a las escuelas, por lo que la única forma de aprender era que alguien las aceptara como aprendices. Mi amigo me ofreció que, si quería enseñarle, ella trabajaría para mí sin que tuviera que pagarle. Yo acepté, pero al poco tiempo era tanta su habilidad y destreza que decidí fijarle un salario. Mardenia y Sunilha se querían mucho, se trataban como hermanas y confidentes, lo que para mí resultó muy bueno, pues mi adorada Sunilha ya no se sentía sola y extraña en aquella ciudad. Azeneth también se había encariñado con Mardenia y la llamaba tía. Ahora notaba la angustia y la tristeza en Mardenia.

–Maestro Tharmet, ¿qué más debo tener listo para la operación de Sunilha?

–Necesitamos preparar un ungüento de estramonio, mandrágora y adormidera, para aplicárselo en la piel donde haré el corte, para extraer al feto, de esta manera evitamos el dolor y mi Sunilha no sentirá nada; también debemos alistar unas cataplasmas de adobe purificado para evitar la hemorragia cuando cosa la herida y hay que preparar un té de adormidera para dárselo antes. Prefiero que esté dormida y sea menos el dolor.

–Enseguida, maestro Tharmet –y salió rápidamente a preparar lo que le había pedido.

–Sunilha, mi vida, voy a sacar al bebé de tu vientre, va a ser una operación rápida y no vas a sentir dolor porque te voy a dormir, ¿estás de acuerdo?

–Tharmet, tengo miedo de no despertar y no verte más.

–No digas eso, el dios Thoth guiará mi mano y la Madre Isis velará por que estés bien.

–Amado, no me duermas, yo resistiré, quiero estar despierta en todo momento.

–Será como tú digas.

Hice mis rituales y conjuros pidiéndoles a todos los dioses que me ayudaran y que mi dulce Sunilha sobreviviera. Anestesié su piel y con toda la delicadeza corté su suave vientre. La sangre brotaba a borbotones. Mardenia aplicaba compresas de agua tibia en la frente. Lentamente la vida de mi Sunilha se iba apagando. Extraje el feto lo más pronto que pude, pero la sangre no se detenía. Apliqué el barro para tratar de detener la hemorragia pero no surtía efecto. Mi desesperación era total. Traté de detener la sangre con mis manos, pero era inútil.

–Tharmet, dame tus manos, no me sueltes amor mío, ya mi tiempo está llegando a su fin. Sé que la Madre Isis me quiere a su lado, no luches más –su voz se hacía cada vez más apagada.

Yo lloraba desconsolado, besando sus manos, su rostro. No quería que mi Sunilha me abandonara.

–¡Oh, benevolente Ra! No me quites a Sunilha. Qué voy a hacer sin ella. Déjame salvarla una vez más.

–Tharmet, no llores, yo fui muy feliz contigo, mi amado. Cuida a nuestra Azeneth, ella te necesita. Dile que siempre estaré a su lado, aunque no me vea. Mardenia, no te olvides de mi hija.

–No, Sunilha. Yo seré como una madre para Azeneth, procuraré llenar tu vacío y no dejaré que te olvide. Pero no hables más, descansa, todavía podemos hacer algo para salvarte.

–No, ya veo venir el carruaje que se llevará mi alma. Tharmet, bésame, mi amado, quiero llevarme tu último beso conmigo.

La besé en sus tiernos labios y expiró. No dejé de besarla hasta que, finalmente, Mardenia me retiró de su lado, con suavidad. Había visto morir a muchas personas en mi ocupación y pensaba que ya estaba inmunizado, pero cuando fue mi amada la que partió, me derrumbé, lloraba inconsolable. Fue mi pequeña Azeneth la que me rescató de mi pena. Era tan dulce y tierna que fue curando mis heridas.

Pasaron los años y Azeneth se convirtió en una hermosa jovencita. Todo mi amor se había volcado hacia ella. Mardenia se había enamorado de mí y en varias ocasiones me confesó su amor. Sentía pena por no corresponderle, pero con Sunilha se había ido mi amor de hombre por cualquier otra mujer, y nunca más en esa vida me volví a enamorar.

Un día, Mardenia no regresó. Fue raptada por unos bandidos y no volvimos a saber de ella. Fue otra gran pérdida para mí, pues con el paso de los años me había encariñado. Fue una pena muy dura.

Azeneth se interesó por mi profesión y un día, me pidió que le enseñara. Me dediqué en cuerpo y alma a instruirla en todo lo que sabía de la medicina. También pensaba en su futuro y quería que supiera un oficio para que no tuviera que depender de ningún hombre. Aprendió y se convirtió en la terapeuta más reconocida en su época. Muchos hombres la cortejaron pero ella no se interesaba por ninguno, hasta que un día apareció un extranjero que venía del norte, su tipo era totalmente diferente al de los egipcios y sumerios conocidos. Era extremadamente alto –media casi dos metros de estatura–, su piel era blanca, los cabellos rubios y sus ojos de un profundo azul. Llegó a nuestro sanatorio porque había sido atacado por un oso que casi le destroza la pierna derecha. Se había salvado de milagro. Azeneth se dedicó durante más de un mes a sanarle las heridas. Durante ese tiempo los dos se enamoraron con locura y finalmente se casaron. Yo estaba más tranquilo sabiendo que mi hija no quedaría sola el día que yo partiera a encontrarme con mi Sunilha.

Un día llegó a Uruk un sacerdote egipcio que estaba buscando, en Sumeria, un conocimiento antiguo y perdido, el libro del Camino a Nun-hil, la tierra de los dioses. Ese sacerdote fue compañero mío en Karnak, de manera que en un principio me alarmé. Pero eran demasiados años los que habían pasado desde mi huida y además me encontraba en Sumeria, donde el poder del Gran Hierofante no podía tocarme, así que le dije quién era. Su alegría fue grande y me abrazó.

–Hermano Tharmet, todos te dimos por muerto en el río. Varios días después de la consagración de Akina como Gran Hierofante en el Templo de Osiris, él mandó a buscarte.

–¿Akina fue nombrado Gran Hierofante, en lugar mío?

–Así es, Akina fue obligado por el Gran Hierofante de Karnak a que tomara tu puesto. Akina quería encontrarte para ocultarte. Envió una comisión a en tu busca pero en Dendera nos dijeron que nunca saliste del río. Un año más tarde, Akina había sido nombrado el Gran Hierofante de Karnak.

–¿Qué paso con Hamuteph, el anterior sacerdote?

–Murió intempestivamente. Un día no despertó más. Se reunieron los del concilio y el propio Faraón pidió que, inmediatamente, nombraran a Akina como Gran Hierofante de Karnak. Como te venía diciendo, por esa época llegó el cónsul de Tiro y nos contó sobre ti y la supuesta sobrina del Gran Hierofante. La alegría de Akina fue descomunal y mandó que te buscaran en Damasco, pero nunca regresaron los emisarios. No supimos más hasta hoy que te vuelvo a encontrar.

–Pues seas bienvenido, hermano Erebet, mi humilde morada es la tuya.

–Gracias, hermano Tharmet, en realidad no tenía dónde pernoctar.

–No te preocupes. En esta casa hay suficiente espacio para ti y puedes quedarte el tiempo que desees.

Mi hija Azeneth ya no vivía conmigo. Se había ido con su esposo al norte, pues allá no había médicos, sino curanderos. Me insistió en que marchara con ellos pero, en realidad, su esposo Fardal no me apreciaba mucho y decidí quedarme. Mi hija se marchó con mucho dolor porque quizás era un viaje sin retorno, sin embargo, se despidió de mí prometiéndome que tan pronto pudiera vendría a visitarme. Yo sabía, en el fondo de mi corazón, que no la volvería a ver. Fue otro dolor más en mi vida, lloré tanto o más que cuando se fue mi dulce Sunilha. Esa pena me fue deteriorando rápidamente, mis fuerzas fueron mermando, ya no tenía una razón para vivir y lo único que deseaba era morir para estar otra vez con mi amada Sunilha. Pero todavía faltaba algo importante por hacer.

9
Nun-hil

–Hermano Erebet, háblame un poco acerca de ese libro perdido.

–Baja la voz, hermano Tharmet, es muy secreto y nadie debe enterarse de mis intenciones en Uruk. Te lo contaré todo.

–Hace unos cuatro años, hubo un descubrimiento accidental en el Lago Faiyum: unos pescadores tiraron una atarraya y sacaron unas tinajas selladas con una cera muy rara, las abrieron y encontraron unos papiros de un material desconocido. Son casi irrompibles, pero se estiran y doblan con mucha facilidad. Estos papiros tenían escritos unos símbolos raros y mapas de las estrellas. Los pescadores se dieron cuenta que era algo muy valioso, fueron al templo de Menfis y los vendieron a su Gran Hierofante. Él no los pudo descifrar y decidió enviarlos a Karnak para que fueran estudiados por los más eminentes sabios. Finalmente, comparándolos con escritos muy antiguos, se fue descubriendo el significado de los símbolos. Los sabios astrólogos pudieron saber de un planeta que orbita perpendicularmente a nuestro sistema del Gran Ra. Pasa cada 2000 años cerca de nuestro sol-Ra y, según los cálculos hechos por los sabios del templo, esta próximo su arribo a nuestro sistema.

–¿Y qué pasará cuando llegue?

—Se especula que los dioses volverán y una nueva era comenzará. Muchos cambios se presentarán. El Faraón Montuhotep está construyendo templos en diferentes lugares para honrar a los dioses y así ganarse su favor. Se dice que vendrán en sus grandes barcos voladores.

—¿Qué tiene que ver Uruk con todo eso?

—En estas tierras están escondidos los libros que permiten hablar con los dioses. Dicen los sacerdotes del Templo de Karnak, que los sacerdotes de los templos de Uruk saben dónde están esos libros, en especial el Libro de Nun-hil.

—¿Qué tiene de especial ese libro?

—Según los manuscritos hallados en Faiyum, el Libro de Nun-hil tiene el poder de comunicarnos directamente con los dioses, en especial con la Madre Isis y su hermano Osiris.

—¿Qué no nos comunicamos con ellos a través de nuestros rezos?

—Sí, hermano Tharmet, pero con este libro, ellos nos hablarán directamente y los podremos ver en él.

—¿Los podremos ver? No entiendo. ¿Ellos se presentarán ante nosotros?

—No sabría contestar esa pregunta. Precisamente es lo que quieren saber en Karnak.

—¿Y cómo pretendes encontrar ese libro, hermano Erebet?

—Algunos sacerdotes de Uruk han visitado Tebas y hemos podido entablar una relación de intercambio de información. Ellos saben de los papiros encontrados en Faiyum y están interesados en conocerlos.

–Luego, ¿tú los traes?

–Así es, hermano Tharmet. No quise decírtelo desde un principio porque quería saber cuál sería tu reacción ante esta información.

–Lo comprendo y si no deseas mostrármelos, sabré entender.

–No, hermano Tharmet, eres de toda mi confianza, ahora mismo te los voy a enseñar.

Sacó de un baúl que traía consigo los rollos que parecían de papiro y los puso sobre la mesa. Eran maravillosos, pues su textura era muy suave, tenían unos colores brillantísimos cuando no se conocía en aquella época técnica alguna para conseguirlos y me atrevo a decir que tampoco en la actual. Lo más parecido a lo que conocemos hoy, serían unas hojas hechas de polímero, pero el polímero es muy burdo en comparación con el material de aquellos rollos. Tenían impresos una serie de signos y mapas estelares. Lo más interesante es que al extenderlos sobre la mesa, los mapas se hacían tridimensionales, como hologramas, y de esa forma se podía apreciar el conjunto de estrellas y planetas de una manera más real. Fascinado, no salía de mi asombro ante aquellos papiros de los dioses.

–¿Qué opinas de ellos?

–Hermano Erebet, jamás había visto algo parecido. Puedo afirmar que no son de este mundo. Definitivamente deben ser de los dioses que los dejaron olvidados o escondidos en aquel lago, o quizás los dejaron allí para que los encontráramos y nos pudiésemos comunicar con ellos.

–Eso mismo piensan los sacerdotes y el Faraón, en Karnak. Por eso es tan importante que hallemos el libro de Nun-hil. Es la clave para entender.

–Pues bien, entonces pongámonos en marcha al Templo de Inanna. Allí están los principales sacerdotes. Yo conozco algunos que han aprendido de mi medicina y a mi vez, también he aprendido de la de ellos.

–Allí está el sacerdote Henensis, quién nos visitó en Tebas. Era quien encabezaba la comitiva. Él nos ayudará.

Sin perder más tiempo nos dirigimos al Templo de Inanna, la diosa protectora de la ciudad de Uruk, la más venerada en toda Sumeria, a quien también se conoce como la diosa del amor –siglos más tarde los griegos la llamarían Afrodita–. Ya estaba oscureciendo, el frío del invierno se sentía fuerte y en las calles no había gente pues se resguardaban del viento helado que provenía del norte y que calaba hasta los huesos. Pasamos inadvertidos y pudimos llegar al templo, donde fuimos recibidos amablemente. Era una característica de los sumerios, su hospitalidad y calidez, lo que contrastaba con el humor huraño y retraído de los egipcios.

–Sigan, por favor. El *En* los espera.

El *En,* era el Sumo Sacerdote en el templo y tenía tanto o más poder que el Gran Hierofante de los templos egipcios ya que, en algunas ocasiones, el *En* era gobernante de las ciudades estado en Sumeria, bajo las ordenes de un rey que gobernaba sobre todas ellas.Fuimos conducidos a través de unos largos pasillos hasta unas escaleras que descendían profundamente. Calculo que bajaríamos unos cinco pisos en el subsuelo. El sacerdote que nos guiaba, nos pidió que habláramos bajito, ya que la resonancia de los muros era muy fuerte y podíamos quedar sordos. Finalmente, llegamos a una puerta muy grande y pesada que parecía de bronce, sin embargo, al acercarnos notamos que era de una aleación extraña. Al abrirla era muy liviana. El sacerdote nos observaba y nos dijo:

–Pónganse estos paños en las orejas para que se protejan los oídos y observen.

Tomó un mazo muy pesado y lo estrelló contra la puerta, pensamos que la dañaría pero, para nuestra sorpresa, no tenía ni rasguños ni abolladuras. El sacerdote nos explicó que esa puerta y toda la construcción subterránea ya existían desde los principios del mundo y que eran indestructibles. También nos dijo que existían siete lugares como ese en diferentes ciudades de Sumeria.

–¿Quién construyó estos lugares? –pregunté.

–Dice la tradición que fueron los mismos dioses que nos crearon, los que los edificaron. Hay puertas que no se pueden abrir, no sabemos que hay detrás de ellas, solamente los dioses tienen las llaves.

Al entrar nos quedamos extasiados: el techo del salón era una gigantesca bóveda celeste, los astros se iluminaban y no sabíamos con qué luz se producía este efecto. No se veían antorchas o velas que pudieran producirlo. El sacerdote, como leyendo nuestros pensamientos nos dijo:

–Nosotros tampoco hemos descubierto la forma en que se produce esa iluminación, no podemos acceder al techo de la bóveda, llegamos a un punto y no podemos continuar porque hay una pared transparente que no podemos traspasar. Hay muchas cosas que, a pesar de estar a nuestro alcance, no las podemos tocar, pues hay una fuerza extraña que nos lo impide.

Atravesamos el salón de la bóveda celeste, bajamos nuevamente por una angosta escalera, muy larga, y creo que por lo menos descendimos otros cinco o seis pisos más. Lo más notable era que el aire se sentía igual que si estuviéramos en la superficie: era muy fresco y no había la sensación de encierro. Finalmente llegamos a un salón todavía más grande que el de la bóveda celeste –calculo que el techo tendría unos veinte metros de alto–, estaba completamente iluminado como si de la misma pared saliera la luz. Tendría unos trescientos metros de largo por otro tanto igual de ancho; el piso era completamente liso y parecía hecho de cristal transparente pero ahumado, porque se veía como si debajo hubiese otro gran salón. Lo más sorprendente es que no había columnas que soportaran el techo ni el piso por debajo. A los costados se veían máquinas muy raras, con muchos botones y pantallas. Trayendo lo que vi a nuestro tiempo actual, pienso que ese templo era como un hangar para naves extraterrestres, pues las máquinas se parecían mucho a los equipos de diagnóstico actuales que se usan para escanear los aviones y repararlos.

Haciendo un paréntesis en la historia, estoy convencido de que los estadounidenses, junto con los ingleses y los franceses, encontraron estos templos en Irak, pues hay zonas en ese país que están fuertemente custodiadas por tropas de esas naciones, que no permiten la entrada de nadie, ni siquiera de autoridades iraquíes. Yo creo que más que el petróleo que hay en Irak, son los secretos que hay enterrados en esta milenaria tierra, los que han hecho que esté invadido por las potencias de este planeta.

Continuemos con la historia.

A un costado de este gigantesco salón había una puerta de cristal, que comunicaba con otro salón mucho más pequeño, en el que había una mesa ovalada hecha del mismo material que la puerta, y que estaba rodeada por veinticuatro sillas muy parecidas a las sillas de los escritorios modernos actuales, forradas en una piel muy suave. En los costados del salón pequeño había gabinetes de diferentes tamaños y dentro de estos se veían "papiros" parecidos a los que traía Erebet, de Egipto. El sacerdote nos indicó que nos sentáramos y que esperáramos unos minutos.

–Ésta debe ser la casa de los dioses –comentó Erebet.

–Realmente es asombroso, jamás había visto algo parecido. Sí, solamente los dioses lo pudieron haber construido.

Estábamos comentando cuando, por otra puerta que no habíamos visto y que se encontraba del lado opuesto a la puerta por donde ingresamos, entraron varios sacerdotes vestidos con sus trajes de ceremonia. Sobresalía el *En*, que portaba un tocado muy alto en su cabeza, hecho de piedras preciosas y oro.

–Saludos, hermanos del Nilo, sean bienvenidos a la morada de Inanna –nos dijo el *En*.

–Saludos y respetos a ti, ¡oh, noble *En*! Soy Erebet, tercer Hierofante consejero del Templo de Karnak. El Gran

Hierofante te envía este presente.

Erebet sacó de su mochila un brazalete con forma de serpiente naja, labrado en oro y lapislázuli. En los ojos de la serpiente había incrustadas dos esmeraldas bellísimas. Haciendo una reverencia se lo entregó al *En*, quien lo recibió respetuosamente.

–Honorable Tharmet, seas bienvenido a esta morada. Sé que tienes muchas inquietudes y no sabes a ciencia cierta cuál es tu papel en esta historia, pero poco a poco lo irás entendiendo.

–Me siento honrado de estar aquí, noble *En* y, como afirmas, estoy bastante sorprendido con todo lo que mis ojos ven y sí me he estado preguntando por qué estoy aquí.

–Creo que tenemos cosas importantes que discutir. Por favor, tomen asiento –dijo el *En*.

Conté nueve sacerdotes además del *En*. Junto con nosotros dos, éramos doce personas sentadas en torno a la mesa. Al sentarme en la silla, frente a mí, sobre la superficie misma de la mesa, se prendió una pantalla de colores iridiscentes. El *En* nos pidió que cerráramos los ojos y nos relajáramos. Al hacerlo comencé a sentir una tibia luz que ascendía desde mis pies hasta la coronilla y suavemente me fui desprendiendo de mi cuerpo y comencé a flotar encima de la mesa desde donde veía a los otros once que flotaban conmigo. El *En* nos indicó que entráramos en la pantalla que cada uno tenía enfrente. Como si fuera un lago, nos sumergimos dentro de ella y sentí que era arrastrado por una poderosa corriente de luz que me llevaba a otro mundo.

10
El misterio del hombre

Por un momento la luz era cegadora, hasta que sentí que alguien me tomaba suavemente del brazo y me sacaba de ese chorro de luz. Mi sorpresa fue enorme al encontrarme en un mundo completamente distinto a la Tierra: para empezar el cielo de este mundo no era azul sino color ámbar y la tierra no era verde sino entre rosa y lila. Inspiraba mucha serenidad, de la misma forma que lo hacían los seres que se encontraban frente de nosotros doce. Eran muy altos, tanto que nosotros apenas les llegábamos a la altura del plexo solar y en sus rostros se percibía un gesto de mucha paz y armonía.

–Hermanos de Ki –que era el nombre dado a la Tierra por estos seres–, reciban de nuestro corazón la bendición del Incognoscible y sea vuestra presencia, alegría en nuestro humilde mundo.

Era el Consejero Mayor de ese planeta, cuyo nombre no puedo decir y al que llamaré simplemente planeta *N*.

–Gracias, Gran Consejero. Estamos aquí, como lo habíamos acordado hace ya más de dos mil años, para alistar a la humanidad sobre tan magno acontecimiento.

–Hermano Tharmet, necesitamos despertar en ti las memorias de ese viejo pasado para que puedas entender lo que acontece ahora –me dijo el Consejero Mayor.

–Estoy dispuesto a lo que ustedes digan –contesté.

—Procedamos —agregó el Consejero Mayor.

Me pidieron que me sentara en una silla que parecía hecha de haces de luz. Nunca había visto algo semejante. Recordemos que me hallaba en cuerpo mental, revestido con energía de mi cuerpo etérico. Al sentarme sentí como si mi cuerpo fuera cargado con una energía poderosísima, y pronto estaba viendo una imagen de una vida muy antigua, en donde me encontraba con los once que estaban reunidos conmigo. Formábamos parte de un consejo interplanetario donde tomábamos la decisión de encarnar en una oleada de espíritus recién individualizados, en un pequeño planeta, en un sistema solar de la Vía Láctea, con el consentimiento de la Jerarquía Espiritual que gobernaba ese mundo. A partir de allí comencé un recorrido de encarnaciones, de varios millones de años en este planeta, llamado *Ki* por los seres de *N*.

Volví a estar en consciencia con los que allí se encontraban y ahora entendía el porqué de mi presencia allí. Un gran acontecimiento sucedería en la Tierra y era nuestra tarea el preparar a la gente para tan magno evento. Los papiros encontrados en Egipto eran el pasaporte para estar presente en cuerpo físico, en uno de los barcos voladores, cuando se diera el regreso de los dioses a la Tierra.

Recibimos instrucciones muy precisas con las que debíamos trabajar rápidamente, ya que el tiempo de ese gran acontecimiento estaba muy próximo. Yo debía regresar a Egipto, junto con Erebet, para dar testimonio de lo acontecido en el Templo de Inanna y llevar con nosotros las piezas faltantes del rompecabezas de los papiros del lago Faiyum. Estas piezas eran una especie de placas hechas en oro, que al ser puestas encima de los grabados de los papiros en un orden específico, generaban un campo de energía que teletransportaba a los que estuvieran dentro, a un barco volador determinado. Esta tecnología sería usada en una fecha futura.

Ahora sabíamos que regresaban los dioses nuevamente a la Tierra, que nosotros debíamos estar listos para recibirlos y que venían con un propósito desconocido del que nos enteraríamos solo en el momento del encuentro.

Haciendo un paréntesis en el relato, les cuento desde mi vida presente, que durante el recorrido que hice por mis vidas pasadas, siendo Tharmet, algo que me dejó pensativo fue el descubrimiento de uno de los enigmas más grandes sobre la existencia del hombre: la humanidad terrestre que se encontraba evolucionando, recibió un empujón genético sin precedentes en la historia de las humanidades en el universo.

En un tiempo remoto, hace unos cuatrocientos mil años, llegaron a este planeta unos seres gigantes en busca de minerales como el oro, plutonio, hierro y estaño. Estos seres seleccionaron algunos homínidos que poblaban el planeta y manipularon genéticamente su ADN. De esta interferencia surgiría el actual homo sapiens. La Jerarquía Planetaria consintió esta intromisión, ya que tiempo atrás el hombre se había revelado y adquirido el libre albedrío al manifestar su propia voluntad –esa es otra historia que más adelante contaré–. Las Jerarquías ya no podían intervenir directamente en su proceso de desarrollo, esto atrasó enormemente el plan evolutivo que se tenía originalmente contemplado para el hombre terrestre. La llegada de estos extraterrestres al planeta, facilitaría su avance, aunque ello tendría un precio para la humanidad. Serían sometidos como viles esclavos al servicio de estos gigantes durante miles de años. En ese tiempo llegaron otras humanidades al planeta. No eran humanoides sino del tipo reptiloide y también reclamaban este mundo para ellos y, de igual forma, tomaron especímenes terrestres e hicieron combinaciones genéticas, creando una raza reptiloide terrestre. Sólo fue cuestión de tiempo para que las dos razas y sus creadores se enfrentaran en una guerra despiadada. De hecho los relatos del *Ramayana de Valmiki*, libro de la literatura India, narran con lujo de detalles estas luchas –recomiendo ampliamente leer este texto antiguo para que puedan tener una idea de lo que pasó–.

Finalmente, después de batallas atroces, los reptiloides fueron expulsados de la Tierra, pero juraron que un día regresarían a tomar posesión de ella nuevamente. No todos los reptiloides se fueron, muchos se escondieron en las profundidades de las cavernas donde habitan el día de hoy. El hombre fue dejado solo unos dos mil años, hasta que las razas de humanoides superiores regresaron a la Tierra, debido a la proximidad de su planeta con el nuestro. Muchas cosas cambiaron, estos gigantes se enamoraron de las mujeres y hombres terrestres y se aparearon con ellos. A estos extraterrestres se les consideró como dioses y es a los que se les espera nuevamente en sus barcos voladores. De hecho los nueve que me acompañaban en la sala del planeta *N*, son parte de los que vinieron hace cuatrocientos mil años, sólo que ellos nunca estuvieron de acuerdo con el objetivo de esclavizar al hombre. Ahora intervienen directamente en su planeta para crear una alianza nueva con la humanidad que no sea de dioses-esclavos, si no como hermanos-hermanos.

Habían pasado ocho meses desde la última vez que estuvimos en el Templo de Inanna, yo había emprendido el regreso a Egipto y quería ver a mi madre y a mi hermana en Menfis, pero al llegar, me informaron que mi madre había muerto y mi hermana se había marchado con su esposo, el militar, a Libia, donde le habían asignado una guarnición. Triste, viajé a Tebas para encontrarme con Akina, que me esperaba ansioso. Una vez en Tebas, me reinstalé en la antigua casa de mis padres y por decreto del Gran Hierofante Akina, me devolvieron mi Tiara Sacerdotal, nombrándome Médico Mayor del Templo.

Entre los sacerdotes del templo, que formaban parte del consejo real, no se hablaba de otra cosa que no fuera del regreso de los dioses, había mucha expectativa y se especulaba sobre cuándo sería la llegada.

Así pasaron los años y nunca bajaron del cielo, como se les esperaba.

Finalmente desencarné, ya viejo y enfermo. Un infarto al corazón cerró mi ciclo en esa vida tan especial, donde mi Sunilha fue mi gran amor.

Debo aclarar que en realidad sí volvieron los dioses, pero no a Egipto, sino a América Central, donde recogieron a todos aquellos hermanos que fueron partícipes de la evolución del Antiguo Egipto y la Sumeria.

Tomé consciencia nuevamente de mi estancia en el castillo donde me encontraba, con el Maestro Altaír. Frente a mí estaba esa hermosa Maestra Ascendida que había sido mi Sunilha en aquella remota vida. Ella se acercó a mí y me extendió sus brazos, yo la abracé y me puse a llorar de felicidad, mi corazón quería estallar de amor. No sé cuánto tiempo estuve abrazado a ese maravilloso ser, hasta que la suave mano de mi Maestro me separó gentilmente de mi Sunilha.

–Mi amado Tharmet, quiero decirte que la que compartí contigo fue una de las vidas más felices que tuve y, gracias al amor que me prodigaste, despertó en mí un sentimiento muy profundo que fue el que me catapultó a encontrar rápidamente mi camino espiritual. Dejaste en mi alma una huella muy profunda y muy pura de lo que es el amor incondicional. Desde que Ascendí como Maestra, siempre te he cubierto con mi manto de amor y te he protegido hasta donde los Señores del Karma me lo han permitido. Esta encarnación va a ser muy importante para ti pues despertarás en mucha gente el amor a la libertad y yo estaré a tu lado desde estos planos espirituales, inspirándote. Solo te quiero decir que vendrán momentos amargos y difíciles, pero cuando ellos lleguen, siempre lleva tu atención a tu corazón y extrae toda la fuerza que de él emana para que sigas adelante, y recuerda, cuando te sientas solo, triste o abandonado, piensa en mí que yo estaré a tu lado para confortarte.

–Sí, mi amada Maestra, siempre pensaré en ti y en cada mujer te veré, porque ahora que soy consciente de esta vida pasada contigo, sólo puedo ver amor y belleza en las mujeres. Gracias por ese amor tan grande que me has dado, espero algún día ser digno de él.

–Ya lo eres, solo déjate guiar por la voz de tu corazón y no temas amar, ese es tu destino en un futuro lejano, como te enterarás más adelante.

El Maestro intervino entonces:

–Bueno, mi querido hijo, es tiempo de regresar. Por hoy han sido muchas cosas las que se te han revelado y debes digerirlas con calma. Mi querida y amada Maestra *L.R.* No nos despedimos, quedamos en tu corazón. Hace mucho tiempo no me sentía tan complacido al cumplir con un favor tan especial como el que hoy te hago.

–Mi amado Altaír –respondió ella–, he podido rememorar junto con tu discípulo una parte de mi historia que me es muy especial. Espero tenerlos pronto de regreso en ésta su casa. Que el amor del Absoluto los cobije siempre, mi amor los acompaña, en especial a ti Eulyon. Sentí una oleada de amor de una indescriptible pureza que me transportaba al cielo.

Cuando reaccioné ya me encontraba a un costado de mi cuerpo, en mi cuarto.

Algo me daba vueltas en la cabeza. El Maestro Altaír me miró y me dijo:

–Ya te enterarás por qué la Maestra *L.R.* te llamó *Eulyon*, pero eso será la próxima vez que nos veamos.

–Maestro, ¿y cuándo será esa próxima vez?

–Muy pronto. Ahora descansa. Mañana no te acordarás de nada, pero con el paso de los días te vendrán destellos, hasta que logres recordarlo todo.

11
Después de siete años

Mi padre falleció a consecuencia de un trágico accidente. Puedo decir que fue un hombre íntegro y honesto, que tuvo una vida marcada por profundos desengaños y tristezas y que sólo en los años que estuvo casado con mi madre fue feliz. El día de su funeral se desató un diluvio tremendo. Llovió por horas y parecía como si el cielo llorara. Asistió mucha gente a su funeral, gente de todos los estratos sociales. Algunas personas de condición muy humilde se me acercaban para darme el pésame y me decían que mi padre los había ayudado mucho, que era el hombre más bueno que habían conocido y que a pesar de su alto puesto y posición social los había tratado con respeto y con amor. Esos testimonios me reconfortaban. Pronto conocería la naturaleza de mi padre y la mía.

Debo confesar que no derramé ni una sola lagrima por su muerte. Nunca he podido llorar en los funerales. Sin saberlo, en ese momento sentía que la muerte no era algo malo ni triste, sino el paso a algo mejor.

Una hermana mía diría después que yo no quería a mi padre porque no lloré en su muerte. Nada más alejado de la realidad.

Con la muerte de mi padre vinieron muchos cambios en mi vida: de vivir con mi familia en casa propia, comenzó un peregrinaje por todas las casas de mis tíos. Fueron años agridulces. Finalmente llegó el momento de ir al extranjero a estudiar. En parte estaba cansado de esa vida en casa de familiares. Mi madre se instaló en Estados Unidos y yo me fui para México. En todos esos años no volví a ver al Maestro Altaír conscientemente, aunque sé que en las noches, al dormir, salía y me encontraba con él. Durante el día tenía recuerdos muy vagos de esos encuentros. Lo que era una constante en mi vida, eran sueños en los que luchaba contra animales y seres monstruosos que me querían destruir, sin embargo, yo era más poderoso que ellos y los vencía, pero siempre venían más. Amanecía agotado cuando pasaba esas noches de lucha.

Me encontraba ya viviendo en México, era el mes de junio de 1984 y recuerdo que hacía un calor terrible. Monterrey es una ciudad situada al norte del país, semi desértica, con climas extremos. Ese año fue particularmente caluroso llegando a temperaturas de cuarenta y siete grados centígrados a la sombra. Contaba ya con diecinueve años, vivía con dos amigas con las que nos vinimos de Colombia para estudiar medicina. Una chica que era vecina las invitó a Guadalajara, al rancho de unas primas. Yo me quede solo en el departamento que estaba en el segundo piso de una casa grande, cuya propietaria era una viuda que, al morir su esposo, dividió la casa: ella vivía abajo y nosotros arriba. Una noche, ya tarde, me encontraba leyendo un libro cuando empecé a ver que una luz se empezaba a materializar. Salté de alegría pues sabía que era el Maestro Altaír quien, efectivamente, volvía a estar frente a mí, aunque esta vez yo estaba despierto. El Maestro materializó un cuerpo denso, nos sentamos en las sillas del comedor y me dijo:

–Ya han pasado siete años desde la última vez que me viste conscientemente.

–Demasiado tiempo, Maestro. Aunque recuerdo muchas cosas cuando salía durante el sueño.

–Era necesario dejarte madurar estos años. Ya eres un adulto y ahora podemos trabajar con mayor libertad. He arreglado todo para que tus compañeras se fueran de viaje sin ti porque te voy a llevar conmigo a un lugar secreto, pero quiero que vengas con tu cuerpo físico. Mañana paso muy temprano a recogerte.

–Maestro, pero mi amigo Luis*, el novio de Alicia*, se va a extrañar de no encontrarme.

–No te preocupes, eso ya lo tengo resuelto. Haré un doble tuyo.

–¿Un doble mío? –abrí los ojos sorprendido.

–Sí, se llama bilocación, es cuando una persona está simultáneamente en diferentes partes a la vez. Como sé que tú no tienes esa facultad desarrollada, yo haré el procedimiento y crearé con tu patrón electrónico a tu otro yo.

–¿Qué es el patrón electrónico?

–El patrón electrónico es el sello único que está en cada uno de tus átomos y que sólo tú posees y ningún otro ser en el universo puede tenerlo. Por ejemplo, el de tu amigo el Arcángel Miguel es una espada flamígera, si tú pudieras ver el núcleo de cada uno de los átomos de Miguel, verías que tienen la forma de una espada flamígera.

–¡Wow!, ¡qué increíble! ¿Y cómo son los míos Maestro?

–Aún no te puedo brindar esa información, eso lo sabrás en tu quinta iniciación. Mañana al irnos, cuando venga Luis, no notará nada distinto en ti y siempre pensará que está contigo. Yo extraeré de tu cuerpo mental toda la información que necesita tu otro yo para que actúe igual que tú. Estaremos unos meses ausentes, nadie lo notará, así que mañana estate listo a las cuatro treinta en punto, pues vamos a un lugar apartado de la ciudad. Solo vente con tu ropa normal, no necesitarás más.

–Estaré listo, Maestro.

Así como apareció, se desvaneció. Esa noche dormí profundamente y a las cuatro de la mañana me levanté, me bañé y me alisté en espera del Maestro. Tal como lo dijo, a las cuatro treinta llegó en una camioneta todo terreno, nueva, de color verde. Rápidamente salí y me monte en el vehículo. Nos saludamos e iniciamos nuestra marcha rumbo al sur. El Maestro me dijo que iríamos a una montaña que se encuentra a unas cuantas horas de Monterrey, que allí habría una entrada secreta que nos llevaría a un lugar bastante particular.

Durante más de tres horas anduvimos por caminos de terracería, hasta que llegamos a la falda de una montaña en la Sierra Madre. El maestro me dio unos bocadillos deliciosos que me reconfortaron y me hicieron sentir más vital, también me dio de beber un "refresco" con sabor a fresa y naranja, que instantáneamente me quitó la sed. Nos bajamos del vehículo y comenzamos a subir por un camino hacia un montículo de piedras que se encontraban como a unos doscientos metros más arriba. Todavía estaba fresca la temperatura y no sentí fatiga al subir la montaña. Finalmente, llegamos a donde se encontraban las piedras, el Maestro dijo unas palabras que no entendí y al momento las piedras, que eran unas rocas enormes, se empezaron a mover dejando al descubierto la entrada de una gruta. El Maestro me indicó que lo siguiera.

(*) Los nombres son ficticios, ya que las personas mencionadas en mi relato, aún viven.

12
Un mundo desconocido

Entramos a la cueva y las rocas automáticamente se volvieron a cerrar. El interior se iluminó y se veía perfectamente, como si estuviéramos afuera. Yo estaba sorprendido porque las paredes eran lisas y suaves y parecían hechas de madreperla. El Maestro me explicó que esas cuevas, que eran un complejo de más de veinte mil, fueron hechas hace miles de años, en tiempos de la Atlántida y allí se guardaban muchos registros y objetos de aquella época. En un futuro muchos de esos objetos serían dados a la humanidad para su uso común. Entre ellos estaba un decodificador mental, un aparato que permite filmar y decodificar los pensamientos y los sueños del individuo; también está el aerotransportador antigravitacional, cuya forma me recuerda a las tasas que están en los parques de diversiones, donde uno se sienta y comienza a girar y a moverse. Claro que éstas no hacen giros que te mareen. Es un aparato volador que funciona con energía electromagnética. Por un mecanismo que desconozco, bloquea la gravedad de la Tierra, permitiendo volar sin dificultad, además de responder al pensamiento de quien lo conduce. El Maestro me dijo que nos montáramos en uno de estos aparatos, ya que por más de una hora viajaríamos hasta el corazón de la montaña, donde tendría una experiencia muy particular. Él maniobró el aparato.

–Estas cuevas son apenas la punta del iceberg, como se diría –acotó el Maestro –. En realidad te voy a llevar a un mundo totalmente desconocido para la humanidad y en el que muy pocos han tenido la posibilidad de entrar.

Emprendimos nuestro recorrido por túneles muy anchos. El aparato tenía en medio una especie de GPS que iba indicando la ruta, ya que en ciertos puntos había cruces de túneles. En algunas ocasiones vi a otros seres pasar montados en aparatos similares.

–¿Y esos quiénes son? –le pregunté al Maestro.

–Son habitantes de las ciudades subterráneas.

–¿Ciudades subterráneas?

–Sí, hijo, así como en la superficie hay ciudades y civilizaciones, debajo también existen.

–¿Y por qué no tenemos contacto con ellos?

–Porque son de naturaleza diferente. La mayoría de las humanidades intra terrestres vibran más armónicamente con el Principio Divino, han erradicado la violencia y el odio de sus vidas. En algunas oportunidades trataron de acercarse a los humanos de la superficie, pero siempre fueron atacadas y temidas, por eso optaron por cerrar todo contacto con el mundo exterior, con excepción de las civilizaciones extraterrestres que son muy avanzadas.

Después de casi una hora de viaje por el corazón de la montaña y a una velocidad, calculo yo, de unos cincuenta kilómetros por hora, llegamos a una gran abertura donde se veía una gigantesca ciudad subterránea con altos edificios, calles, parques, casas, igual que en nuestras ciudades de la superficie. La diferencia estaba en el tipo de energía que usaban. El Maestro me explicó que allí se utilizaba la energía geotérmica y que aprovechaban las corrientes de magma subterráneo para generar la electricidad y toda la energía para sus requerimientos. No hacía calor. El Maestro me explicó que controlaban la temperatura a través de un sistema de tubos que pasaban agua fría para aislar y absorber el exceso de calor, ya que sin esos sistemas, la temperatura sería insoportable y no sería posible mantener la vida humana. Nos encontrábamos a más de cincuenta kilómetros de profundidad de la superficie, sin embargo el aire era tan fresco como el de cualquier bosque, gracias a un avanzado sistema de ventilación de ductos conectados desde la superficie de la Tierra que son imposibles de detectar para los humanos, ya que son cubiertos con imágenes holográficas para simular la pared de la montaña o el acantilado donde generalmente son instalados.

Como esta ciudad hay miles bajo la Tierra, de hecho, de acuerdo con lo que me dijo el Maestro, es mayor la cantidad de espacio disponible que en la superficie, ya que muchas de estas grandes ciudades están construidas debajo de los lechos marinos.

Noté en los humanos de abajo, un diferente color de piel, que era de un verde oliváceo, debido a la ausencia de los rayos solares y a su dieta, compuesta por muchos vegetales y algas marinas que intercambian con otras ciudades que se encuentran en el fondo de las profundidades oceánicas. También consumen pescados y mariscos, pero en menor cantidad, las frutas son consideradas manjares de mucho valor, aunque ellos no se rigen por el sistema de dinero como nosotros. Todos tienen garantizado el alimento, la vivienda, la educación y la salud. Los niños reciben mucho cuidado y atención por parte de los mayores. Su educación es integral, niños y niñas aprenden lo mismo, no hay el sexismo que nos caracteriza a los terrestres de la superficie.

Tienen una especie de ejército, pues existe una clase de seres a los que se les considera demonios. Son muy peligrosos, ya que son antropófagos y, cuando pueden, atacan a personas que se han extraviado en alguna cueva lejana. Son casos aislados, pero se dan. De igual forma los terrestres de la superficie, en alguna ocasión, han sido atacados por estos demonios, muy pocos han sobrevivido para contarlo.

La vida es muy similar a la de la superficie, de hecho, las dos humanidades tenemos el mismo tronco común. Según me dice el Maestro, cuando la Lemuria se hundió en lo que hoy es el Océano Pacífico, muchas tribus de aquellos tiempos se refugiaron en las cuevas de las montañas y, poco a poco, se fueron adentrando en sus profundidades. Por un proceso de adaptación, se fueron acostumbrando a este hábitat. Una de los más significativos cambios es que sólo poseen un pulmón y no dos, pero ese pulmón tiene diez veces más cantidad de alvéolos que el de un humano de la superficie.

Desarrollaron un sentido de visión térmica que les permite moverse en la oscuridad con tanta facilidad como nosotros a la luz del día, aunque también tienen la visión como la nuestra, ya que siempre han tenido luz, originalmente de antorchas y, en un tiempo muy lejano, humanidades extraterrestres los contactaron y les proporcionaron la tecnología de la luz auto luminosa.

Son bastante tranquilos, precisamente por su metabolismo que necesita sacar el máximo provecho de las condiciones subterráneas.

Tienen comunicación directa con otras civilizaciones extraterrestres y comparten tecnología con ellos, por eso es que mucha gente ha visto naves extraterrestres o intraterrestres salir de las montañas.

El Maestro me indicó que me había traído porque iba a reconocer a una antigua compañera mía de un planeta lejano.

–Sé que has estado pensando mucho en el nombre que te dijo tu amada Maestra *L.R.* al despedirse de ti. *Eulyon*. Pues hoy te he traído porque te tengo una sorpresa muy agradable, aunque también habrá momentos tristes. Todo es parte de tu auto-conocimiento.

Nos dirigimos a un edificio de forma redonda, muy alto, sus paredes eran de vidrio color verde esmeralda. Sobresalía por su tamaño y color de entre los demás. Tenía noventa pisos de altura, ocupaba toda una manzana y era la sede de gobierno central de dicha población. Según me indicaron los responsables del gobierno, la ciudad contaba con dos millones de habitantes y era una de las más pobladas del mundo subterráneo ya que, por lo general, el promedio de habitantes en las demás ciudades era de ochocientos mil, máximo un millón. Esta ciudad tenía una superficie casi del mismo tamaño que Monterrey. No había contaminación ni suciedad; los vehículos anti gravitacionales no producían exhalación alguna, ni siquiera generaban ruido; sus calles estaban hechas con un tipo de cuarzo que era "derretido" y moldeado con una tecnología muy avanzada, dejándolas muy lisas pero no resbalosas. Este tipo de cuarzo permitía la conducción de luz, por lo que las calles se veían iluminadas desde el piso con una luminiscencia muy suave que permitía ver perfectamente. En verdad era un espectáculo hermoso el contemplar esa enorme ciudad. Algo muy curioso que vi, es que simulaban el día y la noche que vemos en la superficie, tan perfectamente, que por momentos se me olvidaba que estaba a más de cincuenta kilómetros bajo tierra. En el techo de la ciudad se veía el sol y también nubes. Ciertos días reproducían la lluvia, con truenos y todo. Serían la envidia de Hollywood.

Entramos al edificio esmeralda. Una mujer muy hermosa se acercó a darnos la bienvenida. Era una chica de entre veinte y veinticinco años de edad. Mediría un metro sesenta y ocho de estatura, su piel era de un tono más claro que el verde de la mayoría de los habitantes de esa ciudad, debido a que ella venía de una urbe septentrional casi en los límites del polo norte y, al parecer, al igual que en la superficie, hay diferentes tipos raciales. Puedo decir que ese tono de piel lo he visto en la superficie, en personas que son morenas pero más claras que el promedio de su raza.

–El cielo nos favorece con su presencia, Maestro Altaír, sea bienvenido.

–Gracias, mi dulce Mayanni, es para mí siempre un gusto el estar en esta maravillosa ciudad.

–Veo que mi espera termina hoy, Maestro.

–¿Lo dices por Eulyon?

–Así es, Maestro. Esperaba impaciente este día.

Acercándose a mí, extendió la mano para saludarme. Yo sentía que ya conocía a esta chica. Al verla a los ojos, un vago recuerdo venía a mi mente, pero todo era muy confuso.

–Hola Javier, yo soy Mayanni. Al igual que tú, estoy a la espera de saber algo importante acerca de un pasado lejano.

Yo me acerqué y le di un beso en la mejilla. Ella se sorprendió un tanto, ya que no era la costumbre el dar un beso a un desconocido. No puedo decir que se sonrojó, quizás el termino sería se enverdeció.

El Maestro se rio y le dijo:

–Es su naturaleza, debes perdonarlo, lo ha hecho espontáneamente.

Mayanni también sonrió y me dijo:

–Me gusta tu naturaleza.

–Lo siento, no era mi intención abochornarte.

–No, de ninguna manera, sólo que me tomaste por sorpresa.

–Muchachos, creo que nos están esperando –dijo el Maestro.

Subimos por un ascensor hasta el último piso de la torre. Yo creía que al abrirse la puerta, saldríamos a un pasillo o sala pero, para mi sorpresa, vi frente a mí una nave voladora y redonda, como de unos ochenta metros de diámetro, estacionada en la terraza del edificio, lo mismo que los helipuertos en los edificios de la superficie, con la diferencia de que ahí no había helicópteros sino naves voladoras.

–Por Dios, ¿qué es esto? –pregunté con cara de perplejidad.

–Hijo, te dije que te tenía una sorpresa y aquí comienza.

Vamos a viajar a tu planeta de origen.

–¿A mi planeta de origen?, ¿qué no soy terrestre?

–No, hijo, ni tú ni Mayanni son de aquí, ambos pertenecen a Eulyon. Vamos, que en el viaje les iré contando un poco de su origen.

Yo estaba emocionado. Me parecía que estaba viviendo una película de ciencia ficción y me resistía a creer todo lo que había visto hasta ese momento. Por lo visto Mayanni tampoco sabía lo de su origen, aunque ella sí estaba familiarizada con las naves y los viajes interplanetarios.

–Es la primera vez que vas a volar en una nave hiperespacial, ¿verdad? –preguntó Mayanni.

–Así es. No sé si estoy soñando o me lo estoy imaginando.

–Es comprensible. Ustedes, en la superficie, se han centrado tanto en su ego, que consideran que son los únicos seres vivos en el infinito universo.

–Bueno, yo siempre he aceptado la posibilidad de vida en otros planetas, lo que nunca me imaginé es que también existieran otras humanidades dentro de la Tierra.

–El universo está súper poblado, más de lo que tú te puedas imaginar. Bueno, vamos para que disfrutes esta experiencia.

Subimos por una rampa que parecía de cristal ahumado. Por dentro, la nave era mucho más grande de lo que se veía por fuera, debido a un manejo espacial de las leyes de la física, que francamente no entendí. El caso es que, cuando son viajes muy largos, se les permite a los tripulantes sentirse como en una ciudad y no padecer claustrofobia, como diríamos en la

Tierra. Adentro estaban unos hombres y mujeres muy altos, tipo escandinavo, claro que más altos que los de la Tierra – medían entre dos metros y dos metros cincuenta–. Cuando entró el Maestro, todos le hicieron una reverencia de mucho respeto.

Eran humanos, tecnológicamente muy avanzados, pero aún no habían *ascendido*. Eso ponía al Maestro Altaír por encima de ellos en la evolución espiritual. El que parecía ser el capitán de la nave se nos acercó y nos saludó con afecto. No era un dialogo verbal sino mental que yo entendía perfectamente, pues el Maestro había activado ciertas facultades de mi cuerpo mental que me permitían entender los diferentes idiomas de los pueblos que visitábamos, por eso me podía comunicar sin ningún inconveniente, con pleno dominio del idioma. Como me decía el Maestro Altaír: El YO SOY lo sabe todo.

Detrás de nosotros subieron algunos de los dirigentes de la ciudad. Creo que iban a otro planeta. Durante el viaje, algunos de ellos me hablaron de las ciudades subterráneas y sus características. Me contaron que muchas estaban construidas perpendicularmente a las grandes urbes de la superficie, con el propósito de ayudar a equilibrar las fuerzas del planeta y en especial a contrarrestar la contaminación que producíamos en la superficie. Me comentaron que muchos científicos eran llevados a las ciudades subterráneas para darles a conocer nuevas tecnologías que servirían para el desarrollo de la humanidad de la superficie; también me hablaron de las regiones prohibidas a donde ellos no debían acercarse nunca, pues eran territorios de los reptiloides que vivían también en las profundidades del planeta. Tuvieron muchas luchas con estos seres hasta que finalmente lograron una tregua. Sin embargo, no deja de haber escaramuzas cuando se encuentran accidentalmente. Les pregunté si estos eran los demonios que me habían mencionado anteriormente, los que eran antropófagos y me dijeron que sí y me recomendaron que evitara internarme en cuevas profundas y poco exploradas, porque existía la posibilidad de que me topase con estos desagradables seres que no conocían la compasión. Afortunadamente no tengo alma de espeleólogo.

Dentro de la nave, nos hicieron ponernos unos trajes distintos a los que traíamos. Al parecer eran unos trajes *inteligentes*, que se adaptaban perfectamente a nuestra forma y si uno quería le podía dar características específicas con solo pensarlo; no se sentía ni frío ni calor y se conservaba la temperatura ideal para el cuerpo. El Maestro me dijo que en un futuro no muy lejano, la humanidad de la superficie contaría con este tipo de trajes y su tecnología. Y ahora que lo pienso, creo que la nanotecnología está llegando a esos niveles poco a poco.

Nos sentamos en unas sillas muy cómodas. De pronto las paredes de la nave se hicieron invisibles y podíamos ver todo lo que estaba alrededor de ella. Era fantástico. Lentamente se fue elevando y una escotilla se abrió en la bóveda de la ciudad. La nave comenzó a ascender por un ducto muy ancho, hasta alcanzar la superficie en fracciones de segundo.

Pronto comenzaría nuestro viaje a Eulyon.

13
El comienzo como humano

Nos fuimos alejando de la Tierra vertiginosamente y, en un momento, desapareció nuestro sistema solar. Nos encontrábamos viajando por el híper-espacio, según nos dijo el comandante de la nave. Ya no veíamos estrellas, ni planetas, sólo haces de luz multicolor. Se debe a que en el Universo existen túneles o gusanos que permiten acortar las distancias de un punto a otro de la Galaxia. El comandante nos explicó, también, que la distancia entre nuestro sistema solar y la constelación de Lyra es de aproximadamente 32 años luz. Si un día luz equivale a 25,920 millones de kilómetros, multipliquen eso por 365 días y luego por 32 años y obtendrán la distancia total: ¡un montón de kilómetros! Si la nave viajara a la velocidad de la luz se tardaría 32 años en llegar a Lyra, así que todavía no estaría de vuelta pues serían ¡64 años de viaje! Además, de acuerdo con las explicaciones del comandante, si se hiciera así el viaje en línea recta durante todo ese tiempo, al regresar a la Tierra, no encontraría nada de lo conocido hoy en día, pues en el planeta habrían transcurrido más de seis mil años terrestres. Escalofriante el dato, pero utilizando los gusanos híper-espaciales ese viaje solo es de tres días terrestres, pues se considera que Lyra está relativamente cerca de la Tierra.

Durante esos tres días de viaje, me fui familiarizando con todo lo que había a mi alrededor. Los materiales de esa nave eran inteligentes y respondían a las frecuencias mentales de cada persona. Por ejemplo, al irme a dormir entraba a una habitación donde aparentemente no había nada, pero si yo visualizaba en mi mente una cama cómoda, inmediatamente surgía del suelo una cama y el material se transformaba en un cómodo colchón y en la ropa de cama. De igual forma, si yo quería una ventana, la pared se transformaba en una pantalla que simulaba una, y yo pedía el paisaje que quería observar al asomarme, así que podía simular el mar o una montaña o lo que yo deseara y era tan real, que si yo abría la ventana podía oler y sentir la brisa marina o el aroma de las montañas. Al principio cambiaba el paisaje cada cinco minutos, como niño con juguete nuevo, hasta que me aburría y me quedaba dormido. Si yo quería, podía programar la almohada para que emitiera frecuencias que me indujeran rápidamente al sueño. No necesitaba dormir más de tres horas y me despertaba como si hubiera dormido ocho. También había creado mi baño con tina, el agua era vivificante y mi piel emergía perfectamente hidratada. Creo que las señoras desearían fervientemente tener ese tipo de agua en su bañera. En resumen yo podía crear las condiciones terrestres que quisiera y los materiales de la nave los copiarían exactamente. De esa manera, el viaje era más placentero.

Durante esos días el Maestro nos fue hablando de Eulyon, nuestro planeta de origen.Este planeta se encuentra en la nebulosa del anillo, también llamada el *Ojo de Dios,* en la constelación de Lyra, que está relativamente cerca de la Tierra. Eulyon es uno de doce planetas que orbitan alrededor de la estrella llamada Valmoran. Este sistema solar no puede ser visto desde la Tierra debido a los gases de la nebulosa. Literalmente hay que pasar por el ojo para entrar a esos mundos.

Según nos dijo el Maestro, tanto Mayanni como yo haríamos un trabajo de retrospección en los Archivos Akhasikos de Eulyon. Parece ser que, tanto ella como yo, teníamos una historia en común que íbamos a conocer en nuestro planeta de origen.

Durante el viaje, también pude hablar con habitantes de la ciudad subterránea de donde era Mayanni. Ellos me explicaron que formaban parte de una raza humana que se había refugiado bajo tierra, hacía muchos miles de años, pero que no eran los únicos, ya que había otras razas de tipo reptiloide que también habitaban bajo la superficie. Me interesé mucho por el tema, pero estos personajes no quisieron comentarme mucho. El Maestro Altaír me dijo que esperara un poco, pues pronto conocería cosas de mí que no me imaginaba, así que no insistí más en el asunto.

Finalmente llegamos a Eulyon, nuestro hogar original –o eso pensaba yo–.

La nave fue planeando lentamente por encima del gigantesco planeta, pues según el Maestro, era dos veces del tamaño de Júpiter, aunque su gravedad era similar a la de la Tierra, ya que su constitución atómica es más ligera que la terrestre, de manera que no se corre el peligro de ser aplastados por la propia gravedad del planeta.

Nos dieron unos ligeros cascos transparentes, que prácticamente eran imperceptibles para nosotros, salvo cuando se opacaban a la altura de nuestros ojos, al estar expuestos a la luz de Valmoran, que era de un blanco azulado, muy intenso. Nuestras pupilas y en especial las de Mayanni se podían quemar si se exponían directamente a esta luz. Además, necesitábamos oxígeno, ya que la atmósfera de Eulyon está compuesta por helio e hidrógeno. Algo particular de estos cascos, es que parecían más una especie de plástico muy delgado que se pegaba a nuestras pieles y que cumplía todas las funciones de un casco de astronauta, además de permitir sentir el contacto de otras pieles, como lo experimentaría más adelante.

Lo primero que me llamó la atención fue la ausencia del color rojo, y sus diferentes tonos o combinaciones, en la naturaleza, debido a una condición que me dejó perplejo, cuando el Maestro me la refirió.

La naturaleza es totalmente diferente a la conocida en la Tierra. Las plantas son de color azul y amarillo, pero predominan las azules. Obviamente son plantas adaptadas para respirar el helio y el hidrógeno. También hay fauna que posee en su vientre una especie de esponja, que usan para respirar, algo así como las fosas nasales, que es común en la mayoría de los animales. Por eso la nariz no existe en Eulyon. En su lugar hay un órgano parecido, pero su función es la de regular la temperatura, que en el planeta es muy extrema, ya que en el día es muy caliente, sobre los cincuenta grados centígrados, y en las noches baja a entre cinco y diez grados. Afortunadamente nuestros trajes nos permitían estar siempre a la misma temperatura y no sentíamos los rigores del clima. Hay agua, pero de naturaleza un tanto diferente a la nuestra. Es de color azul claro, casi celeste y los animales acuáticos son de colores bellísimos, aunque ninguno de color rojo o rosa. Algunos son de un amarillo casi naranja, y son parecidos a nuestros delfines. Se consideran seres inteligentes y casi sagrados, nadie los puede tocar y mucho menos matar. Los animales son ligeramente más grandes que los nuestros.

Cuando tuvimos la oportunidad de ir a una ciudad llamada Lontina, vimos a los eulyonitas tal y como son. Su piel es azul como la de las pinturas de Krishna, en la India, de entre un metro ochenta y los dos veinte de estatura, su constitución es delgada —más que la del terrestre promedio—, sus facciones son finas y las mujeres son hermosas en términos generales, aunque había algo que les faltaba y les restaba atractivo, y no era una cuestión física, era algo que tardaría en entender. Los hombres me parecieron fríos e insensibles, —no creo que una mujer terrestre se pudiera enamorar de un hombre eulyonita a pesar de su elevada estatura y rasgos finos—. En un principio me parecía raro ese color en la piel, pero pronto me acostumbré. Por otra parte, sentí que algo le faltaba a esa gente y me invadió una tristeza muy grande. El Maestro lo notó y me dijo:

—Ven, siéntate, que te quiero decir algo acerca de los eulyonitas. Es la razón por la cual tú estás en la Tierra.

—Maestro —le dije—, mi corazón se estruja y no sé por qué. Algo falta en este mundo. Veo mucho desarrollo tecnológico pero la gente es fría y distante. No he visto una sonrisa en su rostro.

—Hijo, te voy a decir que es lo que pasa en este planeta: su gente no conoce el amor.

Comenzaron a brotar lágrimas de mis ojos. No podía concebir un mundo sin amor. Mayanni se acercó y me abrazó. Ella también estaba llorando.

El Maestro nos abrazó a los dos y nos dijo:

—Mis amados, por eso están aquí, porque es importante que conozcan su pasado ya que, en un futuro lejano, ustedes dos vendrán a este planeta a salvarlo.

—¿A salvarlo de qué? —pregunto Mayanni.

—De su extinción evolutiva, su humanidad está en peligro y más adelante les explicaré por qué. Ahora vamos a ir a un antiguo lugar secreto, donde existe un templo sagrado.

El Maestro nos tomó de las manos y comenzamos a volar. Recordé la primera vez que el Maestro me llevó a Canadá en la misma forma. Esta vez lo hizo para que conociéramos Eulyon desde el aire. Tenía grandes montañas y ríos enormes; pasamos por muchas ciudades, muy parecidas a las que aparecen en las películas de ciencia ficción, con gigantescas cúpulas de vidrio o algún material parecido; naves voladoras de diferentes formas y una serie de cristales amarillos gigantescos a manera de faros que proporcionaban energía a toda la ciudad.

Supongo que volamos sobre medio planeta, porque nos tardamos bastante. El Maestro nos iba explicando muchas cosas sobre el lugar y sus habitantes que no voy a mencionar aquí porque se haría muy extenso. Lo único que les comento es que su reproducción sexual es a través de inseminación artificial, no hay contacto físico, pues los eulyonitas evitan tocarse, a toda costa, pues les parece algo demasiado primitivo y salvaje; las mujeres no lactan, toda la alimentación es sintética o extraída de plantas; los niños crecen en escuelas donde se les enseña a desarrollar sus capacidades intelectuales –de hecho, la eulyonita está considerada una de las humanidades con más alto coeficiente intelectual en el universo–; carecen de emociones, no porque no las tengan, sino porque fueron reprimidas hace muchísimo tiempo, cuando empezaron las guerras de Lyra, como una forma de protegerse ante la invasión de los dracos. De eso les hablaré más adelante.

Nuestro viaje llegó a su fin en un valle alejado de toda actividad humana, que estaba rodeado por espesas selvas. Descendimos frente a un templo que no se veía desde el aire, ya que estaba cubierto por el follaje de unos árboles inmensos que lo ocultaban. El Maestro hizo un sonido extraño y poco a poco fueron saliendo de diferentes partes de la selva unos humanos casi del mismo color que nosotros los terrestres, parecían más primitivos que los eulyonitas citadinos. Eran una especie de fugitivos.

El Maestro les habló en una extraña lengua que al principio no entendimos, pero con un pase que nos hizo el Maestro con su mano derecha, a la altura de nuestra nuca, comenzamos a entender y a hablar en esa lengua.

–Es su lengua materna –nos dijo el Maestro–. Ahora les voy a presentar a sus futuros colaboradores.

El Maestro se volvió hacia la gente, que había hecho un círculo en torno a nosotros y les dijo:

–Ellos son la pareja eulyonita de Solaris, conocidos aquí, en sus tradiciones antiguas, como Rhodel y Mazhara.

Inmediatamente se oyó un grito de alegría, que nos tomó por sorpresa a Mayanni y a mí, pues desde que habíamos llegado a Eulyon no habíamos visto manifestaciones de felicidad. Ese grito me estremeció el alma y corrí a abrazar a todos, me desbordé hacia aquellas criaturas, sentía que era mi deber llenarlos de amor. Siendo un poco más altos que yo, me abrazaban también y vi escapar lágrimas de sus ojos; Mayanni se sintió liberada y corrió a su encuentro. En un momento estábamos todos fuertemente estrechados y el Maestro nos miraba con un amor indescriptible.

Una vez pasada la euforia, nos trataron casi como dioses y sus muestras de reverencia y respeto eran repetidas. Yo no entendía por qué y la verdad me sentía un poco turbado por el afecto que nos demostraban y que casi rayaba en la idolatría. Fue el Maestro quien tranquilizó la situación y, gentilmente, le pidió a la gente que entraran al templo junto con nosotros, ya que no disponíamos de mucho tiempo. Mayanni experimentaba la misma sensación e incluso estaba más alterada, ya que por su naturaleza, no era muy dada a tener contacto directo con la gente, salvo con las personas más allegadas de su círculo familiar.

Dentro del templo, en una gran sala circular, el Maestro nos explicó a Mayanni y a mí quienes eran estas personas y por qué su piel era diferente a la de los otros eulyonitas. Nos dijo que en una época muy remota, la educación y las costumbres en Eulyon cambiaron, lo que trajo como consecuencia la pérdida de las emociones. Incluso el amor, en sus manifestaciones sensuales, fue suprimido para dar paso solamente al razonamiento frío. No podemos juzgar a los eulyonitas de entonces por lo que hicieron, ya que fue una medida de protección. Hubo individuos que se opusieron a tan drásticas acciones y fueron relegados socialmente. De hecho, comenzó una sutil persecución contra todos aquellos que manifestaran afecto. Se organizaron varios grupos disidentes y decidieron crear sus propias colonias donde no aplicaran las leyes del estado, pero no pasaría mucho tiempo para que fueran buscados y asesinados. Los doscientos que estaban allí reunidos eran los últimos sobrevivientes que pudieron ocultarse del estado central y vivir libremente, demostrando amor. Por eso, su piel no era azul, sino rosácea.

Del techo del templo se desplegó una pantalla de un lienzo casi transparente y se empezó a proyectar una película que era la historia de Eulyon.

14
Las guerras de Lyra

La constelación de Lyra es una constelación relativamente pequeña, pero tiene algo que la hace muy especial: en ella se encuentra un vórtice de energía de luz muy intenso que conecta a esta galaxia de la Vía Láctea, con un plano más elevado. Dice la tradición lyrana que a través de ese vórtice se creó su galaxia y de él salieron las antiguas humanidades que la poblaron.

El Maestro Altaír, nos mostró a través de un registro akhasiko muy antiguo, que se proyectaba en la pantalla del templo, cómo surgieron muchas razas en Lyra, especialmente la de los humanos de la estrella Vega, que eran opuestos a los lyranos originales en su temperamento y carácter. Los lyranos eran pacíficos y no creían en las armas, estaban orientados a servir a los demás, y una de sus habilidades era la sanación de los que sufrían. Los veganos, por el contrario, desarrollaron tecnología militar y eran más egocentristas; creían que ellos, ante todo, debían preservar su raza para avanzar más rápidamente en su evolución. Sin embargo, esta manera de pensar los llevo a guerras intestinas en los planetas del sistema de Vega y, muchos de ellos, decidieron escapar y fundar otras civilizaciones como las de Centauri y la de Sirio. Los veganos tomaron cuerpos físicos de tercera dimensión y pronto olvidaron su origen espiritual. Los lyranos se mantuvieron en cuerpos espirituales y continuaron con su trabajo de sanadores, aunque algunos grupos de lyranos encarnaron en cuerpos físicos. Un grupo se trasladó a Sirio, donde residían unos seres de gran evolución llamados los Ancianos de Sirio. Estos seres, de elevada consciencia espiritual, fueron algunos de los primeros fundadores que salieron del vórtice de Lyra y crearon planetas y sistemas de mundos para albergar futuras civilizaciones. Ellos sabían del conflicto entre los veganos y los lyranos, pero permitieron que ambos se asentaran en varios planetas del sistema. Sin embargo, con el tiempo, la energía sanadora que enviaban los lyranos de Sirio a los humanos veganos, para que volvieran a recordar su origen divino, causo mucho malestar en el Sistema de Sirio y hubo necesidad de reubicar a estas humanidades fuera de Sirio. Fueron llevados a Orión, al sistema solar de la estrella Arcturus, donde se desarrollaría un drama cósmico que finalmente afectaría a la Tierra.

Los Veganos eran negativos y su desarrollo se centró en la satisfacción de su propio ego. Esto los condujo a lo que en la Tierra se conoce como magia negra. Capítulos muy oscuros se vivieron en esos tiempos. De hecho, hay un dato curioso que les quiero comentar.

El libro *El Señor de los Anillos* y su zaga, es en realidad una historia antigua que se vivió en un planeta de Orión, llamado Ardham. Su autor, sin saberlo o quizá a sabiendas, se conectó con los registros Akhasikos de ese planeta y escribió su obra. J.R.R. Tolkien fue partícipe de la épica batalla –tengo entendido que él era *Gandalf*, de acuerdo a las investigaciones que hicimos un par de años atrás–. Fue precisamente cuando salió la primera película, *El Señor de los Anillos*, cuando reparé en que los personajes me eran familiares, pues varios de estos seres oscuros se aliaron con los saurios y atacaron muchos mundos en Lyra, entre ellos Eulyon.

Los Ancianos de Sirio, sabían que el conflicto de polaridad, que existía en este universo manifiesto, era el responsable del drama que se vivía entre Lyranos y Veganos, por ello, prepararon un mundo donde esas polaridades se reconciliarían y podrían trascender hasta alcanzar la armonía perfecta, respetando cada grupo su polaridad y ejerciendo su libre albedrío: ese planeta era la Tierra.

Eulyon se colonizó por Lyranos que tomaron forma física. En aquellos tiempos se vivía en paz y armonía. Los eulyonitas se dedicaban a las artes, las ciencias y a la exploración de mundos allende las fronteras de la constelación. Mi primera encarnación en Eulyon, como humano, tuvo lugar en un remoto pueblito. Fui el mellizo de un embarazo; Mayanni era mi hermana. Ella nació primero. Mi madre y mi padre eran simples campesinos que vivían de la tierra y los animales que pastoreaban, una especie de ovejas, pero más grandes que las terrestres. En aquella época los eulyonitas tenían la piel más blanca y el color rojo existía. Eulyon se parecía mucho a la Tierra en cuanto a su conformación, pero recordemos que Eulyon es dos veces el tamaño de Júpiter y éste, es mil trescientas veces más grande que la Tierra, por eso no era nada raro el que los pueblos estuvieran tan distantes unos de otros. Sería como si el pueblo más cercano a Vancouver, Canadá, fuera la ciudad de Perth, en Australia, pero multiplicando esa distancia por cien. Las ciudades –que no eran más de veinte–, no superaban el millón de habitantes cada una; los pueblos a lo sumo llegaban a los cincuenta mil habitantes. Para ser un planeta tan grande estaba prácticamente despoblado, sin embargo, existía tecnología que permitía conectarse con todo el globo de forma instantánea, a través de unas computadoras holográficas tridimensionales; también existían los *tele transportadores*, cabinas parecidas a las de la película *La Mosca*, claro que mucho más refinadas y avanzadas. Vale decir que, cuando Eulyon fue colonizado, las civilizaciones Lyranas llevaban más de dos millones de años de evolución, por eso a pesar de que las humanidades que habitaban el planeta vivían de una manera pacífica y aparentemente rústica, en realidad contaban con toda la tecnología necesaria para vivir bien.

El dinero jamás ha existido en estos mundos, los recursos naturales son de todos y cada quién se dedica a lo que más le gusta, pero siempre pensando en servir a los demás. Por ejemplo, mi padre llevaba los animales más hermosos al centro de recopilación del pueblo y allí eran sacrificados sin que estos sufrieran o sintieran la muerte; se daba gracias al creador y se pedía para que el *alma grupo* del animal avanzara un estadio más en su evolución. Había científicos que trabajaban con la materia y la anti materia, experimentando nuevos materiales. Todo con el fin de servir.

El egoísmo era desconocido en Eulyon. No existía el matrimonio, como en la Tierra; el sexo era considerado como algo muy normal y no había posesión marital. Cuando nacían los niños, se determinaba la paternidad, el hombre permanecía apoyando a la mujer en la crianza, pero eso no los comprometía a la fidelidad: podían tener relaciones con otros sin que representara un drama de celos, ya que ese sentimiento era desconocido, ya que, repito, el egoísmo era inexistente. No había enfermedades venéreas. Nunca se consideró el acto sexual como algo pecaminoso o sucio, era tan normal como comer o dormir. Sí había reglas con respecto al incesto, que no era permitido, pues los Lyranos sabían de los problemas genéticos que acarrea. El amor se manifestaba en el servicio a los demás, las parejas se enamoraban, pero no se sentían "atadas" entre ellas, pues se podía estar enamorado de varias mujeres u hombres a la vez; la homosexualidad era inexistente pues el principio de polaridad era muy marcado y no daba espacio a su aparición.

Precisamente cuando yo ya era un adolescente, en esta primera vida en Eulyon, se me manifestó la pulsión sexual muy fuerte, lo que intrigó a los mayores, ya que normalmente un eulyonita tenía relaciones una o dos veces al mes –siempre haré referencia al tiempo de la Tierra, para efectos prácticos– pero, en mi caso, necesitaba tener relaciones diariamente y eran muy intensas, algo que era prácticamente desconocido en Eulyon, pues los eulyonitas nunca se distinguieron por ser fogosos, quizá por las condiciones planetarias y sus características de polaridad. Las mujeres, al principio, se asustaban de ver mi forma de actuar, pero después me buscaban. Por más que yo trataba de controlar mi sexualidad, había algo en mi naturaleza que era muy fuerte y trataba de salir. Mi temperamento era muy intenso y los mayores me recomendaron hacer ejercicios físicos para canalizar y dominar esa energía.

Los eulyonitas son de constitución muy delgada, el tipo musculoso es extremadamente raro, no porque no se pueda desarrollar, sino porque su naturaleza está más centrada en el espíritu y el desarrollo mental. Yo pasaba la mayor parte del tiempo corriendo y levantando objetos pesados, hasta que terminaba exhausto, pero así lograba controlar el deseo sexual. Con el paso del tiempo mi cuerpo se fue haciendo fuerte y musculoso. En el pueblito donde vivía pasaba desapercibido para la gente, pues me conocían y se habían acostumbrado a verme, pero cuando salí por primera vez, en compañía de otros jóvenes que íbamos a instruirnos en la ciudad-estado que nos correspondía por zona geográfica, la diferencia de mi cuerpo con respecto a los demás era muy notoria, pues todos los días seguía mi rutina de ejercicios y no paraba de fortalecerme. A mis amigos les gustaba jugar conmigo, se abalanzaban hasta cuatro de ellos para tratar de tumbarme, pero no podían, siempre terminaba dominándolos. Entre las mujeres llamaba la atención y tenía que hacer grandes esfuerzos para controlarme y no hacerles daño durante el acto sexual, pues era demasiado fuerte para la fragilidad de los cuerpos eulyonitas.

Mayanni se convirtió en una hermosa mujer que era muy popular entre los muchachos, y se sorprendían al enterarse de que éramos mellizos, pues ella era muy delicada y yo todo lo contrario.

Había momentos en que surgía dentro de mí una ira incontenible, no sabía por qué, pero desconcertaba a los maestros guías del centro donde estaba estudiando. Dada la naturaleza pacífica, en términos generales, de los eulyonitas, mi carácter resultaba fuera de lugar y sentía que poco a poco me aislaban, que los compañeros me evitaban y sentían temor de que los pudiese lastimar, pues con ese temperamento y esa fortaleza corporal podía perfectamente despedazar a alguien. Mayanni era la única que me lograba tranquilizar. Cuando me encontraba alterado, se sentaba frente a mí y me miraba con sus profundos ojos negros, me hablaba suavemente y poco a poco iba desapareciendo ese impulso que era casi bestial. Descansaba mi cabeza en su regazo, como un dócil gatito, hasta que me dormía. Pero tenía sueños tenebrosos, de mundos horripilantes en los que aparecía un líder que se enfrascaba en continuas batallas, que era cruel y desalmado. En ocasiones despertaba sudando y crispado, parecía que mis músculos se iban a reventar. Sentía que me estaba volviendo loco y, aparentemente, nadie me podía ayudar, pues para los eulyonitas era completamente desconocido mi comportamiento. Finalmente, un día llegó de la vecina constelación de Aquila –el Águila–, de un planeta que orbita cerca de la estrella Altaír, un hombre sabio que venía expresamente a hacerse cargo de mí. Los eulyonitas pidieron ayuda al Gran Consejo de Lyra para resolver mi caso y éstos, conociendo mi naturaleza, se comunicaron a Altaír, donde habían sabios capacitados para tratar con seres de mi clase. Aquí comenzaría una larga relación con quien después se convertiría en mi Maestro Ascendido, Altaír.

15
Mi verdadera naturaleza

Una tarde me llamaron de la dirección académica. Pensé que me iban a expulsar por haber empujado fuertemente a un estudiante y ocasionarle una fractura en un brazo, en días anteriores. En Eulyon representaba una deshonra para el individuo el ser expulsado, ya que no podría integrarme plenamente en la sociedad. Sería "invitado" a abandonar el planeta para ser reubicado en otro más acorde a mi naturaleza. Al entrar a la sala del consejo directivo, me indicaron que sería prudente mi retiro del centro estudiantil, pero no por expulsión, sino porque me sometería a un entrenamiento especial con un guía de Altaír. Fue entonces que conocí al Maestro Altaír, quien venía de nuestra vecina constelación del Águila, reputada por tener seres de altísimo desarrollo intelectual y espiritual. Él estaba de pie, frente a un gran ventanal, al fondo del recinto. Era un hombre de unos dos metros de estatura, su complexión era muy fuerte, casi como la que yo había desarrollado, su cabello era rojizo y su piel muy blanca, y los ojos casi naranjas, algo muy raro dentro de las infinitas razas conocidas en el Universo.

Un consejero se acercó a él y le dijo algo en voz baja. Inmediatamente, el Maestro se me acercó escrutándome con su mirada penetrante. No me agradó el personaje. Confieso que me sentí incómodo y desnudo.

No me dijo nada. Fue el consejero quien me indicó que, a partir de ese momento, quedaba bajo la dirección y guía del Maestro Altaír, por lo cual, abandonaría mis estudios y marcharía con él a donde fuera necesario. Me sentí apesadumbrado, especialmente por Mayanni, pues eso significaba que quizás no volvería a ver a mi hermana adorada. Les pedí que me dejaran despedirme de ella, a lo cual accedieron gentilmente y la hicieron llamar. Me parecieron los minutos más largos de toda mi vida, todos los recuerdos de mi infancia y juventud se agolparon en mi mente. Irme representaba morir para aquellos que había amado. Traté de disimular las lágrimas, pero cuando mi hermana se presentó no pude resistir más y corrí a estrecharla entre mis brazos. Ella estaba desconcertada, no entendía lo que estaba pasando. El consejero le explico lo que ocurría y ella también se puso a llorar. Parecíamos niños pequeños, perdidos en el bosque, asustados y desconsolados. Fue el Maestro Altaír quien se acercó dulcemente para confortarnos, diciéndonos que no sería la última vez que nos veríamos, pero que era importante para mí recibir un adiestramiento especial. De alguna manera esa voz nos refrescó el alma, nos dio confianza en la posibilidad de volver a vernos en un futuro. Me despedí de mi hermana, le pedí que le dijera a mi madre que la amaba y que nunca dejaría de pensar en ella. Salí con el Maestro Altaír sin saber que pasaría conmigo pero, después de haber escuchado su voz, me sentía más tranquilo y confiado.

La proyección se detuvo aquí. El Maestro Altaír consideró que debíamos descansar. Quienes nos acompañaban se sintieron un tanto intrigados porque querían saber qué pasó con nosotros, en esa remota vida. El Maestro les dijo que, en una próxima ocasión, los reuniría para terminar de ver esa antigua historia. Una vez que se retiraron todos, el Maestro nos pidió que lo siguiéramos a través de unos túneles que se encontraban debajo del templo. En ellos había habitaciones y salones con objetos de valor histórico que contaban el desarrollo de Eulyon. Nos tenían preparadas unos cuartos muy confortables. En ellos no requeríamos los trajes y cascos especiales que usábamos para poder respirar en la atmósfera de Eulyon, ya que habían sido adaptados a las condiciones de la atmósfera terrestre. Hasta el agua era igual a la de nuestro planeta azul y sobra decir que la comida también era de origen terrestre.

Yo estaba más intrigado que los aldeanos del templo, por conocer mi pasado. Esa noche tuve esos sueños de lucha contra seres horripilantes que trataban de matarme, pero yo sabía que era más fuerte que ellos y no me podían hacer daño. Después soñé con el Maestro Altaír, pero aquí ya estaba plenamente consciente de que me encontraba desdoblado y en mi cuerpo mental. Mi cuerpo físico descansaba plácidamente en ese cuarto debajo del templo.

–He querido que sea de esta forma que me acompañes a una región muy particular del universo, ya que lo que te voy a mostrar solamente te compete a ti. Ni siquiera Mayanni debe saberlo aún. Prométeme que no le contarás esto a nadie, hasta que yo te lo autorice.

–Claro que sí, Maestro, prometo que no diré nada a nadie hasta que usted lo crea conveniente.

—Ya estás preparado para saber quién eres. Sé que al principio te puede impactar, pero sabrás asimilarlo. No tengas miedo, confía en tu poder interno, este poder no puede ser dañado ni alterado por nada ni nadie en el universo, ya que es Dios dentro de ti, recuérdalo siempre. Ahora vamos a ir a un sitio donde rara vez un mortal puede entrar en estado de vigilia y si lo hace debe ir acompañado por alguien que conozca perfectamente a los habitantes de ese mundo, así no se atreverán a hacerle daño. Mantente centrado en el poder interno de tu corazón y veas lo que veas no muestres temor. ¿Estás listo?

—Maestro, durante toda mi vida he luchado en mis sueños contra seres verdaderamente horribles, no creo que en este momento haya algo que me pueda aterrorizar. Confío plenamente en usted, sé que estando a su lado nada malo me puede pasar.

—Muy bien, hijo, vamos a ir a un mundo muy diferente a todo lo que has visto y, para entrar en él, necesitamos revestirnos con materia astral, será la primera vez que vas a usar conscientemente esta energía, te vas a sentir algo raro al principio, pero en un par de minutos sabrás dominar este cuerpo perfectamente.

Con una seña, El Maestro hizo que mi cuerpo astral, que flotaba encima de mi cuerpo denso, se integrara a mi cuerpo mental. Sentí como si me hubieran puesto una escafandra con plomos. Era llevado a un plano más denso que el mental, con rapidez, y sentía como si estuviera caminando dentro de una gelatina. La ligereza del cuerpo mental había desaparecido por completo, sin embargo, podía apreciar mi cuerpo mental como recubierto por un mameluco, que era el cuerpo astral.

El Maestro creó una burbuja de energía de color azul que me cubrió completamente y pude sentir la presencia de dos ángeles a mis espaldas.

–Bien, hijo, entremos.

Hizo unos signos en el aire que literalmente se rompió dando paso a una apertura de energía.

–Esto es lo que se llama un portal dimensional, te permite pasar conscientemente de un plano a otro. En este caso estamos entrando a los submundos más bajos del plano astral, a lo que en la Tierra se le conoce comúnmente como los infiernos.

Algo dentro de mí se agitó violentamente, pero el Maestro pronunció un mantra calmándome de inmediato. A decir verdad, no se me hacía extraño el lugar, sentía que ya había estado ahí. No voy a entrar en descripciones, ya que no es algo agradable para contar, solamente haré referencia a los hechos importantes que me permitirían entender más adelante mi propia existencia. Seres grotescos y monstruosos nos miraban a medida que avanzábamos por ese tenebroso mundo. Me sentía como Dante en la *Divina Comedia*, por cierto muy acertada en su descripción del infierno, según me dijo el Maestro. Dante era un alto iniciado de una escuela hermética y tuvo la oportunidad de ser guiado por Virgilio, quien es un Maestro Ascendido, a través de los círculos que describe en su obra. Lo curioso del asunto es que estos lugares infernales tienen su correspondencia con cada país, por eso Dante veía almas italianas en su recorrido. Pero yo no iba propiamente al infierno correspondiente a mi país de nacimiento en la Tierra, sino que me dirigía a un lugar mucho más peligroso y malvado. Lentamente, nos adentrábamos en cavernas siniestras donde había infinidad de seres de aspectos tan extraños, que las criaturas caracterizadas en las películas de Hollywood apenas son su pálido reflejo, sin embargo, algo que me llamó la atención era que también se encontraban seres muy parecidos a los de los dibujos Manga, sensuales y voluptuosos, dando rienda suelta a la lascivia. De lo que podríamos denominar el techo de las cavernas, se filtraba constantemente una energía sucia y viscosa, que era tragada por todos estos seres como si fuera su alimento.

El Maestro me dijo que esa sustancia viscosa era la *efluvia*, o sea la energía que emana la humanidad cada vez que genera un pensamiento-sentimiento de bajísima vibración como el odio, la ira, el miedo o la lascivia.

—Maestro, tengo una pregunta, ¿por qué si estamos en Eulyon, siento como si estuviéramos en la Tierra?

—Hijo, lo que ocurre es que en el plano astral el espacio tiempo es casi inexistente. Esta región cobija a todos los mundos habitados por humanidades de poca evolución, donde todavía las pasiones los controlan.

—Maestro, no sé por qué pero siento que esto ya lo conocía, ¿acaso fui enviado aquí alguna vez, por mi mal comportamiento?

—Hay algo que debes saber: esto que ves es creación de las humanidades y de los ángeles caídos, estás aquí porque debes conocer tu origen, pero para ello debes primero resolver de una vez por todas tu situación con un grupo de seres de este plano, no será fácil, pero confío plenamente en tu poder interior. Llegado el momento sabrás qué hacer, pues yo no puedo interferir.

–¿De qué situación me habla, Maestro?

–Tus sueños.

–¿Mis luchas con seres monstruosos?

–Así es. Recuerda una cosa, nada ni nadie te puede hacer daño a menos que tú lo permitas.

Esas palabras se me quedaron grabadas con fuego en el alma. Sentía cada vez más densa y pesada la energía. No tenía miedo, sabía que la protección que me enseñó el arcángel Miguel y la confianza en mi Poder Interior eran lo suficientemente fuertes para poder enfrentar lo que fuera. Recordaba mis pesadillas, donde combatía a demonios terribles que trataban de destruirme, pero jamás lo conseguían. Sabía que en esta ocasión sería algo parecido, pero me sentía algo ansioso pues no sabía exactamente a qué me iba a enfrentar. Al llegar a una puerta gigantesca cuyo marco ardía en fuego y en la que estaban grabados unos signos que no entendía, el Maestro me dijo:

–Hasta aquí te puedo acompañar, no porque no pueda entrar allí, sino porque te esperan a ti solo y está en tus manos el solucionar, de una vez por todas, tu relación con los que están adentro.

Confieso que por un instante sentí temor e inmediatamente unos perros demoníacos se me abalanzaron. Sin pensarlo les grité: ¡atrás! Instintivamente había puesto mi mano derecha extendida con la palma al frente. Los animales se detuvieron, agacharon la cabeza y retrocedieron amenazantes, pero sin atreverse a mirarme.

–Muy bien, hijo –me dijo el Maestro–, has superado tu primera prueba. Recuerda que no te puedes permitir sentir temor ante nada, pues inmediatamente serías destrozado por tu mismo miedo.

Comprendí que esos perros eran creaciones mías, producto de mis temores, generados durante muchas vidas y que vivían allí, pues el universo no me enviaría nada que fuera ajeno a mis propias causas. A partir de ese momento, deseché para siempre el temor, pues soy yo quien decido sentir poder o sentir miedo. Miré al Maestro con seguridad y le dije:

–Maestro, estoy listo para entrar allí y enfrentar lo que sea.

El Maestro me miro con satisfacción y me dijo:

–Sé que lo harás. Aquí te espero.

Los ángeles que me custodiaban se retiraron y se colocaron detrás del Maestro, miré a la gigantesca puerta y le dije: *Ábrete*.

Lentamente comenzó a abrirse, rechinando estruendosamente. Los seres que estaban en la caverna retrocedieron atemorizados. Yo sabía que ya no podría titubear y regresar. Me encontré en la oscuridad más negra. Miré por última vez al Maestro y entré.

16
El oscuro pasado

Sabía que no me podía permitir sentir miedo ni ningún tipo de emoción negativa. Le pedí a mi Poder Interno que me iluminara y, por arte de magia, una fuerte luz salió de mi corazón disolviendo las tinieblas por las que caminaba. Vi que me encontraba rodeado por seres demoníacos que me veían entre atemorizados y furiosos. Recorría un bosque con árboles y troncos retorcidos, como esos bosques de los cuentos de brujas, pero no sentía miedo ni angustia. Escuchaba a los demonios decirse entre ellos: *Es él, sí es él.* Con toda naturalidad me volví hacia un grupo que estaba alrededor de una roca y les pregunté con voz firme.

–¿Me conocen?, ¿acaso saben quién soy?

Los sorprendí, se miraron entre ellos como buscando quién iba a contestar. Finalmente, un demonio que se veía más fuerte se acercó mirándome con odio y me dijo:

–¿Qué no te acuerdas de nosotros, traidor?, ¿ya se te olvidó quién eres y lo que nos hiciste?

Le pedí a mi Poder Interno que me ayudara a recordar, pues aunque sabía que esos seres y el lugar no me eran extraños, no lograba entender bien por qué estaba allí. Una gran seguridad y una sensación de poder se adueñaron de mí y conteste:

–Precisamente estoy aquí porque necesito terminar de una vez por todas con esta situación que traemos desde hace miles de centurias. Necesito que me lleves con tu líder ahora mismo.

El demonio soltó una carcajada.

–Eres un jovencito muy valiente o muy estúpido. Con la sola presencia de nuestro amo vas a enloquecer. ¿En verdad quieres verlo?, todavía estás a tiempo de arrepentirte.

–¿Me ves cara de asustado...? –y mencioné su nombre.

Hago la aclaración de que no diré los nombres de estos demonios por expresa recomendación del Maestro Altaír, ya que nombrarlos es atraerlos y no deseo que alguien pueda tener peligrosas o desagradables experiencias con estos seres que, si bien es cierto que no te pueden hacer daño si tu no lo permites, también es cierto que muchas personas no están preparadas para lidiar con estos malignos.

Lo miré a los ojos y me lanzó una mueca de desprecio e impotencia por no poder despedazarme, que era su deseo en ese momento.

Un diablillo pequeño se me abalanzó, pero se desintegró al momento de chocar con la protección de luz que tenía a mi alrededor, los otros demonios se carcajearon en tono de burla pero, en un momento, cambiaron su risa por gruñidos espantosos. Yo, sin embargo, me mantenía tranquilo, la voz de mi Maestro Interior me decía que no perdiera la calma.

–Sígueme –me dijo el demonio que me había hablado.

Pronto estaba volando por encima de ese bosque, nos acercábamos a un lago de aguas cristalinas, en sus alrededores había flores de colores intensos y árboles frutales –algo que en verdad me sorprendió, ya que yo sólo esperaba encontrar cosas lúgubres y tenebrosas–.

–¿Sorprendido, verdad? –me dijo el demonio que me llevaba ante el líder.

–Sí, debo admitirlo, no pensé que en estos reinos pudiera existir la belleza.

–Es más fácil engañar y dominar a los humanos a través de la belleza que por medio del horror. Ese lo reservamos, al final, para nuestro festín –y soltó una diabólica carcajada.

Aterrizamos en un prado frente al lago, el demonio me miró con lástima y riéndose, se volvió a elevar gritándome:

–Espera un poco y disfruta tus últimos minutos de cordura –y desapareció veloz entre las nubes de ese obscuro cielo.

Pasaron unos minutos. Repentinamente, las aguas del apacible lago empezaron a burbujear y el espejo de agua se abrió dando paso a una escalera que conducía hacia el fondo. No sabía qué hacer, pero me dije: *Ya estoy aquí, debo llegar hasta el final, además, puedo perder ¿la vida? Si ya estuve aquí y salí, podré volverlo a hacer.* Sin pensarlo comencé a descender por las escaleras de piedra. Al fondo se veía una luz mortecina que alumbraba el final de los peldaños.

Tan pronto llegué al último escalón, se cerró el techo y quedé aislado, como en una mazmorra. Confieso que pasaron mil preguntas por mi cabeza y una sensación de temor comenzaba a invadirme.

–¡Ahora!

Fue el grito que escuché. Sentí una opresión mortal, como una garra a la altura de mi plexo solar que me estaba despedazando. Sentí terror. En ese momento, una figura descomunal y terriblemente espantosa me clavo en la cabeza un tizón de metal ardiendo. Creí que iba a morir para siempre, escuchaba maldiciones de todo tipo, docenas de demonios me caían encima como perros rabiosos que se cebaban en mi ser. No sé cuánto duró aquello, sin embargo, en un momento de consciencia, me di cuenta que no me podían matar, aunque sentía un dolor muy agudo en todo mi cuerpo. *Yo puedo detener este infierno –me dije–, pero no luchando, ni con odio, pues solo los haría más fuertes, sino con lo opuesto.* Dulcemente y con toda la sinceridad de mi corazón les dije:

–No los odio ni les temo, solo siento compasión por ustedes.

–¡Aghhhhh!, ¡nooooooo! –gritaron y huyeron despavoridos.

Todos esos demonios se retorcían, corrían como si les hubieran clavado flechas y en verdad así era: eran las flechas del amor. Solamente el demonio gigante que yo sabía que era el amo de todos ellos, permaneció a pocos pasos de mí.

Lentamente, fui recuperando mi vitalidad, y una serenidad y paz interior me arroparon. Sabía que nunca más me volverían a atacar esos demonios que durante miles de años me persiguieron y me atribularon. Jamás volverían a tocarme.

–Tú sabes quién soy yo, pero no recuerdas aún como nos relacionamos, ¿verdad Sahlati-El?

Volvía a escuchar ese nombre que me estremecía hasta el último de mis átomos. Primero, por boca del arcángel Miguel y ahora era *LF* quien lo repetía.

–Así es *LF*. Sé quién eres y, por curioso que parezca, no te temo.

–¡Ja! Cómo me vas a temer si estamos hechos de la misma pasta. Has pasado la prueba más dura que un humano puede soportar y no enloqueciste. Veremos si puedes pasarla también en tu cuerpo físico, pero eso será dentro de algunos años y será mi última oportunidad de tenerte de nuevo a mi lado, amigo.

–¿Me llamaste *amigo*?

–Vamos, es tiempo de que conozcas tu verdadero origen.

El demonio terrible y espantoso se fue transformando en un ser de singular belleza.

–Ya nada te puede perturbar después de esta terrorífica experiencia, así pues, te voy a mostrar quien eres en realidad.

LF me llevó a una biblioteca viviente.

Ustedes se preguntarán, qué es eso. Bueno, se trata de una biblioteca donde los manuscritos, al ser desenrollados, cobran vida y te muestran, como en la televisión pero en tercera dimensión, todos los sucesos que haya escrito en ellos. Estas bibliotecas son muy comunes en los planos astrales y mentales. Algún día el hombre desarrollará una tecnología, en el plano físico, para hacer exactamente lo mismo, pero aún falta mucho para eso.

En un anaquel, que se veía antiquísimo, se encontraba un gran rollo que parecía hecho de lámina de oro. Un demonio en forma de dragón lo custodiaba, pero cuando *LF* se acercó, el demonio, humildemente, se retiró y le permitió tomarlo.

–Siéntate y prepárate para esta revelación.

Encima de una enorme mesa, *LF* desenrolló el manuscrito, como una película de cine pero en tercera dimensión, comenzaron a mostrarse hechos antiquísimos, que no se pueden fechar con medidas terrestres.

Al principio sólo percibía luz, pero poco a poco y con un esfuerzo de concentración, pude empezar a distinguir un mundo totalmente diferente a lo conocido por mí hasta entonces. De pronto, me vi en ese mundo. Ahora yo estaba dentro de la película del manuscrito.

17

Ángel

–Sahlati-El, debemos partir prontamente al Universo-Forma que necesita de nuestra ayuda. Varias de sus humanidades están despertando a la consciencia del Todo y es nuestro deber servirles.

–Así debe ser, mi amada Démira, donde nos necesiten y cuando nos necesiten.

–Mi amado, ¿qué piensas de las ideas que han planteado Luhz-El y Sath-El?

–Preferiría no hablar de ello.

No se lo decía pero, al pensar en los planteamientos de esos grandes Arkaes –Arcángeles– de legiones angelicales, sentía una fuerza que removía hasta la última fibra de mi ser. Hablaban de autonomía y decisiones propias. No sabía exactamente qué era eso, pues el patrón arquetípico desde el que fuimos alentados por el Todo, era el de servir.

Algo pasaba dentro de mí. Aunque era feliz sirviendo a las criaturas de menor evolución, había algo que no me dejaba estar en paz. De hecho, el comandante Konrad ya lo había notado y me separó por un tiempo de las misiones legionarias, para que entrara en Meditación Esencial y clarificara mi espíritu. Aunque lo hice, nada había hecho desaparecer ese sentimiento que me perturbaba. Iba entendiendo poco a poco y me di cuenta de que sólo había un ser que me podía ayudar:

Luhz-El, el más grande y magnífico Arkae que existía en el Universo Manifiesto. Solamente mi Arkae Mikha-El, quien era el Protector del Universo, le igualaba en esplendor y belleza. Yo formaba parte de sus legiones, nuestro deber era cuidar y proteger la obra del Supremo, pues así como existen las fuerzas de manifestación, también existen las fuerzas contrarias de la extinción, que siempre están en pugna por ocupar el espacio de lo que existe.

–Vamos a reunirnos con los demás; creo que ya es hora de partir –le dije a Démira.

–Te siento extraño, Sahlati-El, tu pulso armónico no está a la par con el mío, algo te ocurre.

Démira es mi alma gemela, ya que los ángeles también tenemos un complemento Divino. Por eso ella podía percibir fácilmente mis estados de ánimo.

–No es nada, Démira, quizás es la expectativa de conocer el Universo-Forma –el Universo Físico actual–. No lo puedo concebir en mi mente. Los que ya han estado allí, dicen que es algo totalmente diferente a lo que hemos conocido. Hay algo que me atrae mucho: eso que llaman Oscuridad y Luz.

Antes del Universo Físico, que es el que conocemos como Universo Atómico, donde tienen forma los planetas, las estrellas y las galaxias, existía el Universo Etérico de donde emanó el Universo Denso, que es el universo más sólido que existe en este período de evolución. En el Universo Etérico no se conocía ni la Luz ni la Oscuridad. Todo él es Luz, pero al no existir Oscuridad no podíamos saber que era la Luz, ya que nada se le oponía. Al crearse el Universo Denso y darle el Todo una característica única, se pudo conocer la Luz. Esa característica es la polaridad. Era algo completamente nuevo y único. Estoy casi seguro que esa polaridad, fue la responsable de los hechos que narraré a continuación.

Antes de descender al Universo Forma, tuve la oportunidad de hablar con Luhz-El.

–Adelante, mi guerrero Sahlati-El, te he estado observando y eres de los que presentas el signo en tu esencia.

–¿A qué signo te refieres, Luhz-El?

–Al signo de los elegidos.

–¿Elegidos?

–Sí, de aquellos que desean un cambio en su esencia y están pensando lo que nunca ángel alguno se atrevió a pensar. En ser autónomo, en otras palabras, en ser libre.

–¿Acaso no somos libres, no llevamos a cabo la voluntad del Todo con alegría y amor, como debe ser para un ángel?

–¿Estás seguro de lo que dices?, ¿acaso puedes tomar tus propias decisiones?

Su pensamiento penetró en mi consciencia y sentí que él conocía hasta el más profundo de mis sentimientos. La sensación extraña que tenía se avivó con las palabras del imponente Arkae.

–Muchas cosas van a cambiar, Sahlati-El, nada volverá a ser como antes, de eso puedes estar seguro y tendrás que enfrentar por primera vez una decisión.

–Yo no necesito tomar decisiones, soy un ángel y mi deber es obedecer y servir. Esa es la voluntad del Todo.

Luhz-El exhaló una energía de amor y compasión, a la vez que me llenó de vibraciones poderosas. Percibí un sentimiento totalmente nuevo.

–¿Qué es esto que me has emanado? Me siento distinto, es, es...

–Libertad –afirmó Luhz-El.

Esa palabra describía perfectamente el sentimiento. Sin pensarlo le dije:

–¡Estoy contigo! Ese sentimiento que era insipiente en mí es lo que perturbaba mi esencia y ahora siento que soy eso... libre.

–Tranquilízate, mi amigo, para que ese sentimiento se haga realidad, se debe traducir en hechos y esos hechos provocarán trastornos en el Universo Manifiesto y sus diferentes planos. Habrá consecuencias.

–¿Qué tipo de consecuencias?

–Exactamente, no lo sé, pero debemos estar preparados.

–No me importa. Asumiré lo que deba asumir, sólo quiero ser libre.

–Nos veremos muy pronto, Sahlati-El. Desciende al Universo-Forma, pues allí iniciaremos el cambio.

Regresé con Démira, feliz y totalmente renovado. Por fin había podido entender qué era lo que me había hecho cambiar. Pero Démira no estaba feliz como yo, al contrario, yo percibía una tristeza en su esencia.

–Mi dulce y amada Démira, te siento triste, ¿qué pasa?

–Algo me dice que te voy a perder.

–¿Perderme? No, mi amada, al contrario. Hay algo muy grande que debo compartir contigo.

–Shhh, no digas nada, prefiero no saber. Te amo y precisamente por ese amor debo dejarte actuar como siempre lo has querido, pero no me pidas que te acompañe en ello.

Mi esencia se entristeció con esas palabras-sentimiento que me decía mi amada. No la podía comprender, pero respetaba su sentir. Y qué bueno que fue así, porque de otra forma no estaría aquí contando esta historia.

18
En el Universo-Forma

–Qué lento vibra todo en este universo –dije al descender por primera vez al plano denso del Universo-Forma. –Es un mundo de contrastes. ¡Qué bella es la Luz y que misteriosa es la Oscuridad!, es fascinante.

–Las estrellas son hermosas, se ven magníficas con el contraste de la oscuridad –respondió Démira.

Descendimos miríadas incontables de ángeles a este nuevo universo, que apenas llevaba unos cuantos miles de millones de años de haber sido creado y donde ya había humanidades despertando a la consciencia del Todo. Fuimos repartidos por los miles de millones de mundos donde la vida manifiesta ya operaba, desde los reinos minerales hasta los humanos, pasando por los vegetales y animales. Nuestra misión, dependiendo del planeta y los reinos que se estuvieran desarrollando, era dar asistencia a las Chispas Divinas que se encontraban en el proceso de Involución-Evolución.

La Chispa Divina es un fragmento del Todo o Absoluto, del que en la Tierra llaman Dios. Al Todo no se le puede conocer, pues Él no tiene forma, no tiene nombre, no se le puede determinar, ya que al querer hacerlo lo estaríamos delimitando y eso es imposible, ya que nada existe fuera de Él. La Nada y el Todo son Él. Nuestras mentes no pueden concebir esta grandeza, sin embargo, el Todo se ha fragmentado en sí mismo para re-crearse y experimentar lo que jamás en universos anteriores, creaciones del mismo Todo. Este es el gran misterio del Todo y el Ser. Somos porque Él así lo ha querido y a su vez, cada uno hemos desarrollado una consciencia individual que nos permite existir y ser.

Los fragmentos llamados Chispas Divinas, que se individualizan dentro del Cuerpo del Todo, inician su proceso de involución hacia lo más denso, pues siendo Dios omni-consciente, deciden bajar hasta los planos más densos creados por el Todo para adquirir las experiencias que les permitirán llegar nuevamente a su Principio Divino –Evolución–, pero siendo ya totalmente auto-conscientes.

Las Chispas Divinas, vibran en una frecuencia inconmensurable, por lo tanto no pueden descender hasta planos tan densos del Universo Manifiesto, ya que la materia de estos planos densos, vibra muy bajo y no pueden soportar las altas frecuencias de la Chispa Divina. Si la Chispa descendiera hasta estos planos, literalmente quemaría toda la materia manifiesta que hay en ellos. Para darnos una idea, sería como querer hacer funcionar un automóvil con una reacción termo-nuclear: sencillamente lo desintegraría. Aclaro, la reacción termo-nuclear, es un cerillo frente a la energía de la Chispa Divina.

Ante la imposibilidad de descender hasta estos planos, la Chispa Divina, emana de sí un pequeño rayo de su consciencia y lo hace descender a través de los diferentes planos inferiores donde ella reside. Ese rayo es tomado por un ángel o un arcángel dependiendo del estadio de evolución donde se encuentre experimentando la Chispa Divina, puede ser en el reino mineral, vegetal, animal o humano. En los tres reinos inferiores los ángeles toman ese rayo de consciencia de la Chispa Divina, también llamada Mónada, lo dividen en cientos de miles de hilos de luz y los anclan en muchos seres de ese reino; si son minerales, el rayo de consciencia de la Mónada se dividirá en millones de finos hilos y experimentará todas las propiedades de esos minerales, comenzando por los más primitivos como son las simples rocas areniscas, hasta llegar a los más evolucionados como son los radiactivos. Todo este proceso de aprendizaje tiene como fin el que la Mónada aprenda a construir cuerpos densos.

Después de haber pasado por este proceso durante incontables eones, el rayo de consciencia de la Mónada será iniciado a un reino más elevado, en este caso, será al reino vegetal, donde nuevamente el rayo Monádico se dividirá en cientos de miles –ya no millones–, que se anclaran de igual forma a las diferentes especies de vegetales que existan, desde los más primitivos como son las algas, pasando por toda la gama de especies hasta llegar a los vegetales más evolucionados como son las plantas con flores que ya poseen ovarios. En este reino, la Mónada aprende a construir cuerpos energéticos o etéricos que son los que permiten el crecimiento y la reproducción.

Una vez graduada en este reino, la Mónada transfiere su rayo al siguiente reino que es el animal y allí nuevamente es tomado por los ángeles y dividido en miles de hilos –ya no cientos de miles–, para comenzar el proceso con los animales más primitivos como podrían ser las esponjas, hasta llegar a los más evolucionados como podrían ser los perros, delfines, elefantes, simios, etc. La experiencia en el reino animal, conduce a la Mónada a aprender a construir cuerpos emocionales o astrales, ya que los animales tienen sentimientos que les permiten moverse y reaccionar emotivamente ante estímulos externos, con el miedo, la felicidad y hasta el amor.

Los animales, las plantas y los minerales son dirigidos por ángeles y arcángeles, también se conoce como *espíritu grupo*. Estos ángeles y arcángeles guían a los reinos mineral, vegetal y animal para que vayan cumpliendo las experiencias que son propias de ellos. La ciencia moderna se rompe el coco tratando de averiguar cómo es que las abejas construyen sus panales, que son obras de la más alta ingeniería, o cómo las hormigas hacen sus hormigueros, o los pájaros sus nidos, o por qué se aparean en cierta época del año y no en otra, o cómo saben las fechas de sus migraciones... Son los *espíritus grupo* los que dirigen todo esto, ya que los animales no poseen cuerpo mental aún. Eso está reservado para el siguiente reino.

Hasta los primeros tres reinos, el proceso de las vivencias que son propias a cada especie y el aprender, es relativamente sencillo, pero cuando la Mónada va a experimentar en el Cuarto Reino, la situación se vuelve infinitamente más compleja y requiere de la intervención de muchas entidades inteligentes que le van a ayudar en el proceso. Llega el gran momento para la Mónada, pues su trabajo en los anteriores reinos, lo realizó de una forma casi inconsciente, fue un aprendizaje por asimilación automática y repetición.

Ahora viene su verdadero despertar y es a través de la individualización de su consciencia en un solo ser: es la entrada al reino humano y la adquisición de una mente individual. Pero para poder manejar esa mente, la Mónada se debe reflejar a sí misma creando un alma en el plano Mental, que será la que vivirá todas las experiencias como humana y al final se fusionará con ella misma para convertirse en una Mónada o Chispa Divina auto-consciente. Esta alma individual será dirigida, al principio, por un Maestro Divino o sea un humano que en un ciclo de evolución anterior, alcanzó su quinta Iniciación Solar y se convirtió en un Hombre-Dios, también llamado Cristo o Maestro Ascendido.

La Mónada, a través de todas las experiencias por los anteriores reinos, ya está capacitada para construir un cuerpo que contenga materia química –cuerpo denso–, energía vital –cuerpo etérico– y energía emocional –cuerpo astral–. Al descender el rayo individual de la Mónada hasta el plano mental inferior, choca literalmente con el cuerpo creado con las tres diferentes energías –químicas, etéricas y astrales–, y de esa fricción, se produce un chispazo y se crea el alma, la cual desarrollará una mente con la energía de este plano mental concreto, que será el vehículo que le permitirá a la Mónada conocer directamente los planos inferiores conscientemente y aprender las experiencias humanas.

Este proceso es igual para todos los mundos creados en este Universo-Forma, donde se alberga ya el reino humano. En la Vía Láctea, las primeras humanidades se formaron en el Triángulo de Lyra y de allí se extendieron por los millones de planetas que existen en esta galaxia. Sin embargo, en muchos planetas se han dado individualizaciones de humanidades, como en la Tierra, que aconteció dieciocho millones de años atrás.

Los ángeles y los arcángeles prestan asistencia a todas estas humanidades ayudándolas en todas las maneras posibles, inspirándolas en la creación de todas las infinitas formas que puedan existir, así como también guiándolas hacia el camino de la Divinidad.

Por muchos millones de años estuve sirviendo a diferentes humanidades en su proceso evolutivo, desde mi condición de ángel. Sin embargo llegó un día en que todo cambió.

19
La Gran Rebelión

–Me están llamando a un concilio secreto, Démira.

–¿Quién?

–Luhz-El.

–Ya te dije que no comparto las ideas de Luhz-El. Te amo y por lo tanto no puedo interferir en tu sentimiento. Si consideras que es importante para ti, ve, pero no quiero saber nada de lo que se diga en ese concilio. Tengo una sensación extraña que no sé definir.

–Mi amada Démira, esto que siento es más fuerte que...

–Que el amor hacia mí, ¿verdad?

–No, por favor, no digas eso. Eres mi propio existir, eres lo que me da la dicha de ser. No sabría qué pudiera ocurrir si tú no estás a mi lado. Te amo y tú lo sabes, pero hay algo dentro de mí que bulle y que no puedo controlar. Es preciso que vaya a ese concilio, regresaré pronto.

Ese *regresaré pronto*, se convertiría en una espera de millones de años. No volvería a ver a Démira por muchísimo tiempo.

Partí de inmediato junto con un grupo de ángeles. La cita era en una galaxia lejana llamada Zeratrix –no conocida aún por el hombre–. Nos reuniríamos en un planeta obscuro que no emite luz propia y que es muy difícil de ubicar. Luhz-El mandó muchas patrullas de ángeles a buscar un planeta que tuviera esas características y finalmente lo encontraron en Zeratrix. En los confines de una galaxia perdida, se fraguó una lucha que cambiaría para siempre la cara del universo.

Cuando llegamos todos los millones de ángeles que sentíamos la misma sensación extraña en nuestros pechos, como si algo se quisiera desgarrar por dentro, dio comienzo el Concilio de la Liberación Angelical.

Este concilio, que fue el resultado de un malestar creciente por parte de todos los que estábamos presentes y que fue liderado por Luhz-El, nos llevaría a alcanzar un anhelo que se fue intensificando durante millones de años: tomar nuestras propias decisiones y no ser simplemente soldados obedientes prestos a servir instantáneamente y sin cuestionar.

Después de muchos debates y discursos, se tomó la resolución de que los ángeles seríamos dueños de nuestro propio destino y tendríamos la libertad de elegir nuestro camino. Luhz-El, sin embargo, llamó a un número reducido de ángeles –entre ellos yo mismo–, a un concilio secreto en otro planeta. Allí nos expuso a lo que nos íbamos a enfrentar.

–Mis hermanos en Él –Dios–: quiero decirles que, a partir de este momento, a las huestes angelicales comandadas por el Arkae Mikha-El, se les ha ordenado detenernos para que nos lleven ante el Gran Consejo del Universo. Se nos acusa de rebelión y de propiciar el caos en todos los mundos. Seremos juzgados y condenados a la extinción. Yo, Luhz-El, asumo toda la responsabilidad y si ustedes quieren retractarse del paso que hemos dado, aún están a tiempo.

Se hizo un silencio sepulcral. No pude contenerme más y exclamé:

–¡Lucharé hasta el final por nuestra causa! ¡He decidido ser libre y ni el Gran Ojo de Dios me detendrá! ¡No volveré a ser un ente sin voluntad propia, prefiero la extinción! ¡Libertad o muerte!

–¡Libertad o muerte! –corearon los demás ángeles.

Una energía poderosa hizo explosión y retumbó por todo el universo. Acababan de surgir los primeros ángeles con libre albedrío. Millones de años más adelante, esa onda de energía repercutiría en un planeta con una humanidad muy especial.

Se escucharon las trompetas de las legiones de Mikha-El, quienes nos localizaron por la onda que emanamos. Desenvainé mi espada flamígera esperando la confrontación, los otros ángeles que desertaron junto conmigo de las legiones de Mikha-El, hicieron lo mismo. Nos colocamos al frente para proteger a los ángeles que pertenecían a otras órdenes y que no poseían espadas. Lo mismo hicieron los ángeles de las legiones de Zadh-KiEL y de Gabri-EL. Luhz-El y Sath-EL se pusieron a la cabeza. Todos los ángeles que habían acudido a la reunión en Zeratrix se presentaron en el acto y nuestro número creció en millones. Luhz-El me hizo una señal para que me colocara a su lado.

–Siempre supe que serías el más identificado con esta causa, Sahlati-EL. Si vamos a extinguirnos, lo haremos luchando.

–Hasta mi último haz de Luz por la libertad.

Mikha-El se acercó tranquilamente hacia donde estábamos y con voz firme pero amable nos dijo:

–Aún están a tiempo para echar atrás esta rebelión. He hablado con el Gran Consejo y ellos están de acuerdo en daros la absolución si se olvidan de todo esto. También pueden volver a sus legiones. A ti Sahlati-El, te vuelvo a acoger como uno de mis favoritos. ¿Qué tienes que decir?

–Mi amado Mikha-El, llevo miles de millones de años sirviéndote como el que más, pero en estos últimos tiempos he experimentado la libertad y aunque ha sido un período muy corto, no lo cambio por todos esos millones de años de servicio. Lo siento, mi decisión es irrevocable y estoy presto a asumir hasta las últimas consecuencias.

–Luhz-El, tú que fuiste el más grande de los Arkaes, vas a perderlo todo por tu locura y tu amor propio. Contigo arrastrarás a millones de ángeles que te siguen ciegamente.

–Mikha-El, jamás lo vas a entender. Lo que dijo Sahlati-El está perfectamente explicado: más vale un instante de libertad que una eternidad de esclavitud. No quiero combatir contra ti, pero tampoco nos rendiremos tan fácilmente. Diles a los del Consejo que no renunciaremos a nuestra libertad.

–Siento gran tristeza en mi ser, porque lo último que deseo es extinguir a mis hermanos –respondió Mikha-El–. Hablaré con el Gran Consejo para que ellos, en su infinita sabiduría, decidan lo mejor. Mi amado Luhz-El, que la Sabiduría del altísimo te ilumine.

Mikha-El se fue y junto con él todas sus legiones, pero sabíamos que sería por muy corto tiempo. El Gran Consejo se enfrentaba a una situación completamente nueva y desconocida y lo más probable era que actuaran de acuerdo a los procedimientos conocidos lo que significaba nuestra extinción.

Luhz-El nos pidió a los ángeles que poseíamos espadas flamígeras, que le enseñáramos a los otros ángeles a crear sus propias espadas, ya que la espada que tiene el ángel es creada de su propia energía focalizada. Solo era cuestión de enseñarles a formar el arquetipo de la espada, para que se manifestara en sus manos. En corto tiempo todos los ángeles rebeldes estaban armados.

El Gran Consejo deliberó durante varios cientos de años para saber qué hacer con todos los ángeles que se habían revelado al Plan Divino y que no seguían más sus directrices. Mientras tanto, miles de ángeles se fueron sumando a nuestra causa. Los comandantes y Arkaes de grandes legiones se sentían desorientados y esperaban con impaciencia la decisión del Consejo pues temían una desbandada total de sus huestes.

El Gran Consejo sabía que no se podía sostener por más tiempo esa situación, así que le encargaron a Mikha-El que creara un cerco en el universo, de donde no podríamos salir los rebeldes, y al que no podrían entrar nuevos ángeles, hasta que se tomara la decisión final.

Al final se inició una guerra terrible entre las huestes de Mikha-El, Gabri-El y Zadh-Kiel contra los ángeles rebeldes. Fueron miles de años de lucha en que caían miles de ángeles de ambos bandos. Es importante saber que los ángeles no son inmortales. Viven todo el tiempo que quieran pero pueden morir y, al hacerlo, se extinguen para siempre. Esa es la diferencia entre el ángel y el humano, pues estos últimos tienen un alma inmortal.

La lucha terminó con el triunfo de Mikha-El y sus huestes, creándose un gigantesco Anillo No Pase que abarcaba miles de galaxias y millones de estrellas y mundos, del que los vencidos no podíamos salir. Entramos en lo que se llama, técnicamente, una cuarentena cósmica. Fuimos despojados de nuestros nombres divinos, que representan el poder angélico y que, en el cristianismo, se simboliza con las alas del ángel. El poder no está en las alas sino en el nombre. Perdimos todos nuestros derechos de ángeles y nos convertimos en los ángeles caídos. Al principio no nos molestó ya que nos permitía desarrollar nuestros poderes latentes que día con día iban creciendo. Manipulábamos las evoluciones de muchos mundos creando nuevos y extraños seres. Sin embargo, sentíamos que estábamos perdiendo nuestra Luz. Muy sutilmente nuestras formas comenzaron a cambiar, nos sentíamos más densos y pesados, nuestros sentidos se aletargaban y perdíamos fuerza. Luhz-El y Sath-El, junto con otros caudillos, se percataron de estos cambios y buscaron la manera de recuperar la Luz y la fuerza.

20

El inicio del mal

Hasta ese momento, el mal como tal, no existía. Si bien se luchaba en una guerra fratricida entre ángeles, no se hacía con el sentimiento de odio o maldad. Solamente se defendía una causa, pero no se mataba por el placer o el sentimiento de hacerlo. Fue con el tiempo que nuestras fuerzas y nuestras naturalezas comenzaron a cambiar. Habíamos elegido estar fuera del Plan Divino, aunque esto es un decir, ya que todo está contemplado por el Absoluto, nada puede existir fuera de Él. Por eso, para el ser humano es difícil aceptar que tanto el "bien" como el "mal" son parte de la misma naturaleza divina. Al revelarnos, los ángeles caídos habíamos adquirido el libre albedrío, pero lo que no sabíamos es que tendríamos que pagar un precio muy alto por él.

Ya no nos regíamos por un orden previamente establecido, sino que cada quien podía hacer lo que quisiera. Ello exigía un mayor gasto de energía. En un principio, Luhz-El trató de organizarnos como una legión a la usanza angelical, pero no funcionó, pues ya se había instalado la semilla de la rebeldía en nuestros patrones energéticos. De la efímera paz que había en un principio, comenzaron a surgir disputas entre los caídos, porque cada quien quería hacer lo que consideraba mejor. Empezamos a diferenciarnos unos de otros. Los que teníamos voluntades más fuertes fuimos dominando a los más débiles y el sentimiento de ambición y poder surgió en nuestro ser. Nos hacíamos más densos pero a la vez más fuertes. Yo creé una legión de guerreros caídos, una de las más poderosas, de manera que el mismísimo Luhz-El me retó a un duelo, pues sentía que pronto lo destronaría. Fue Sath-El quien intervino, junto con Belsehu-El, y nos pidieron que, por el bien de nuestra causa, no nos enfrentáramos. Se me pidió que me fuera al otro extremo del Anillo no Pase, para así evitar la guerra interna, a lo cual accedí.

–Puedes estar tranquilo –le dije a Luhz-El–, que no es mi intención el quitarte tu rango ni tu posición. A mí solo me interesa mi propia libertad.

De inmediato partí con un séquito de cientos de miles de caídos a buscar un nuevo hogar. Mis órdenes no se discutían, pronto la disciplina militar que adquirí desde que pertenecía a las legiones de Mikha-El, se instauró en mi reino, pero nos debilitábamos y perdíamos la Luz y la fuerza, no brillábamos como antaño e igual le pasaba a todos los demás caídos.

Luhz-El me convocó, junto con otros líderes, para discutir esa situación. Nos reunimos para encontrar una solución, pero nadie daba con una respuesta que resolviera la pérdida de la Luz que nos alimentaba. Acordamos volver a reunirnos cuando alguien encontrara la forma de suplir nuestro alimento.

Sucedió casi accidentalmente. En una ocasión, un grupo de cinco caídos llegaron a un planeta donde la humanidad estaba empezando a evolucionar y vieron a unas mujeres muy hermosas, desnudas, bañándose en un riachuelo. Sintieron un deseo inexplicable de poseerlas, pero en ese momento no contaban con genitales para el acto, así que se acercaron sigilosamente y las abrazaron fuertemente. Las mujeres reaccionaron gritando y, cuando vieron a los caídos de frente, se aterrorizaron, ya que ellos se habían transformado en seres repulsivos y demoníacos. De los gritos de terror emanaron violentas corrientes de energía que llegaron directamente a los caídos, quienes entraron en un éxtasis embriagador, se sintieron muy fuertes y la energía creadora se fue hacia la parte baja de sus cuerpos, formándose en ellos unos enormes genitales. Ahora que estaban provistos, corrieron y violentaron a las mujeres quienes, con sus gritos, lo único que conseguían era darles más energía. Una vez acabada su fechoría, regresaron a su legión. Los otros caídos, al verlos, notaron que algo había cambiado totalmente en ellos: ya no brillaban con Luz propia, sus cuerpos eran más toscos y deformes, pero en contraparte, se veían muy fuertes. Inmediatamente contaron lo sucedido causando gran conmoción entre los caídos.

Fuimos citados ante Luhz-El para deliberar sobre lo acontecido. Lo primero que se concluyó fue que las emociones fuertes generaban una vibración muy intensa que, de alguna manera, afectaba la estructura energética de nuestros cuerpos, se perdía completamente la Luz pero se ganaba fuerza y poder. Por otra parte, se había encontrado la fuente de alimentación que nos proporcionaría la energía necesaria para continuar viviendo: las emociones negativas de los humanos.

Esta última conclusión turbó a los presentes. ¿Cómo íbamos a dañar a los humanos, si siempre estuvimos a su servicio? Fueron muchos años de discusión, nos resistíamos a lastimar a los hombres. Sin embargo, conforme pasaba el tiempo, nos seguíamos debilitando. El dilema era muy grande: perecer o sobrevivir. Finalmente, se optó por lo segundo. Luhz-El dio el permiso para ir a los mundos habitados por humanos y alimentarse de sus emociones. Hordas infinitas de ángeles hambrientos, se diseminaron por millones de mundos, generando el caos y el terror. Comenzaba una era obscura y sangrienta para la humanidad. De los simples sustos se fue pasando a formas brutales y sanguinarias de producir terror, odio, lujuria y todas las bajas pasiones que fortalecían a los caídos. Muchos comenzamos a tomar formas humanas para dominar y controlar planetas enteros, como reyes o emperadores violentos, llenos de ambición y poder, en sus más bajas formas. Una de las humanidades que más fueron influenciadas por la maldad, fueron los reptiloides, humanidades con forma de saurios. Por su naturaleza, eran presa fácil del odio y la dominación, aprendieron a luchar y a hacer la guerra a otros mundos y viajaban como depredadores devastando mundos enteros. Son vampiros que succionan los recursos de los planetas que conquistan hasta dejarlos estériles.

Miles de millones de años en guerras, crímenes y bajas pasiones, convirtieron a los que en otra época fueron radiantes y hermosos seres de Luz, en demonios y bestias horripilantes que dañaron los corazones de los hombres y humanidades de otras especies. Hoy muchas películas que presentan en el cine, no son más que pálidas pinturas de hechos que acontecieron o acontecen en muchos lugares del universo, donde hordas de demonios luchan contra humanidades, por la dominación de un planeta, un sistema solar o una galaxia. Pero así como el mal se fortalecía, también dentro de los corazones de los hombres surgían sentimientos de la más elevada vibración: el valor, la compasión, la comprensión y la tolerancia, comenzaron a despertarse en humanidades enteras. Detrás de todo ese aparente caos y maldad, una fuerza más poderosa fue tomando forma y transformando todo a su alrededor, el amor divino.

No existe fuerza más poderosa que el amor, rara y extraña energía que nadie ha podido definir y que solamente se comenzó a conocer a través de la existencia del mal. Parece paradójico pero así fue. Antes no se conocía el amor, pues no existía un parámetro de comparación, sólo había perfección y armonía y todo en el universo trabajaba bajo un plan previamente establecido. Suena gracioso, pero pienso que dentro del Gran Plan Divino de Evolución, el Absoluto, en su infinita sabiduría, creó dentro de los corazones espirituales de los ángeles el deseo de la libertad y, por consecuencia, esa libertad traería toda una revolución en el universo y una de sus consecuencias sería el la creación del mal. Pero el mal juega un papel fundamental en los planes del creador, pues la particularidad de su Universo Manifiesto es la polaridad y solamente creando los opuestos se puede llegar al conocimiento. La comparación desarrolla el discernimiento, que es el instrumento primordial de la sabiduría.

Por lo que respecta a mi existencia como caído, puedo decir que me convertí en un señor de la guerra, pues es precisamente en la guerra donde las bajas pasiones se desatan sin control y se crea la *efluvia*, que es la energía con la que los caídos o demonios se alimentan para mantenerse fuertes y vitales. Pronto, el plano Astral se convirtió en nuestra morada, ya que allí se depositan todas las bajas energías que emanan de las humanidades y de los animales. Las tres regiones inferiores del Astral se convirtieron en lo que llaman el Infierno. Los líderes de los caídos competíamos entre nosotros por ser los más poderosos y tener mayor cantidad de mundos bajo control.

Por otro lado, las Huestes de la Luz, hacían ingentes esfuerzos enviando mesías y avatares que enseñaran el recto pensar y obrar, como su forma de combatirnos y restarnos poder. Después de millones de años de Obscuridad, la Luz comenzaba a ganar terreno en los mundos que se encontraban bajo nuestros dominios, sin embargo, nuestra astucia no tenía límites, siempre nos las ingeniábamos para que esos enviados de la Luz fueran sacrificados, toda doctrina de amor y espiritualidad era infiltrada por los nuestros y al final corrompida, sirviendo más a nuestros intereses que a los de la Luz. Aún hoy eso sigue sucediendo en muchas iglesias y congregaciones de culto, donde se les engaña fácilmente haciéndoles creer que Dios, en la figura del Espíritu Santo, se manifiesta a través de "lenguas" y aparentes "ataques" de éxtasis divino, la gente entra en una hipnosis colectiva abriendo sus Chakras inferiores para que las corrientes astrales se desaten. Esto permite a los demonios vampirizar a los presentes. Si ustedes pudieran ver con la visión astral, se aterrorizarían al ver cantidades de horribles demonios extrayendo la vitalidad de las personas. Muchas, sin darse cuenta, son violadas por estas bestias del averno. Todo esto gracias al fanatismo religioso, que es una de las pasiones más bajas que existen y que permite bloquear completamente el cuerpo mental de los seguidores. De esta forma son manejados como marionetas a través de los hilos del sentimiento y la pasión. Por eso se dice que es más peligroso un fanático religioso que un soldado entrenado para matar.

Algo importante es que pronto nos dimos cuenta que había sólo un poder contra el cual nos era imposible luchar y que nos impedía poseer a las personas. Ese poder era la voluntad. Podía tratarse del demonio más fuerte y poderoso, pero si el individuo tenía una voluntad inquebrantable, no había forma de tocarlo, porque cuando el individuo ejerce su poder de voluntad, inmediatamente se crea un escudo azul, que es impenetrable y ni una horda de millones de demonios puede romperlo. En realidad eran muy pocos los humanos que sabían o eran conscientes de este poder. Sabíamos que detrás de cada hombre con voluntad, estaba el Arkae Mikha-El y ante eso no podíamos hacer nada.

En este estado de maldad viví millones de años, convirtiéndome en uno de los más temibles y poderosos demonios que existían en el universo. Hasta el mismo Luhz-El me respetaba y guardaba prudente distancia. Los mundos y las humanidades donde yo gobernaba, se encontraban completamente sometidos por el terror. Hasta los gigantes y sanguinarios saurios se doblegaban ante mi presencia. Me sentía el dios de esos mundos, pero eso llegaría a su fin.

21
La dispensación

En aquellas oscuras eras, la humanidad iba perdiendo cada vez más terreno ante los señores de las tinieblas, se encontraba en inminente peligro de estancarse por completo en la evolución. Las Jerarquías Espirituales eran conscientes de ello y buscaban todos los medios posibles para auxiliar a las diferentes humanidades. Durante miles de años, analizaron la posibilidad de usar un método que resultó de los más exitoso cuando decidieron aplicarlo: hacer encarnar ángeles como humanos, tarea nada sencilla pues exigía, de parte de los ángeles, el hacer un sacrificio enorme para tomar forma densa y perder sus poderes espirituales, pero que les ofrecía una recompensa difícil de rechazar: adquirir un alma inmortal. Al momento de que un ángel encarna y toma un cuerpo humano, automáticamente adquiere un alma inmortal y es capaz de establecer un linaje para la encarnación de futuros ángeles, que hibriden con los humanos. Esto quiere decir que existe entre las humanidades una especie llamada los híbridos, que son combinación de ángeles y humanos. Actualmente hay muchos de estos híbridos encarnados aunque, como se puede suponer, a su vez hay híbridos de demonios y humanos, quienes adquieren un alma inmortal.

Volviendo a aquellas remotas eras, comenzó a ocurrir un fenómeno muy particular: aquellos híbridos angelicales se fueron destacando rápidamente entre los mortales tomando posiciones de liderazgo. Su valor y fuerza eran impresionantes y muchos se convirtieron en verdaderas leyendas por todo el universo. Poco a poco iban haciendo retroceder a las fuerzas obscuras, liberando planetas enteros de las hordas demoníacas.

Mi hora había llegado. Me encontraba en un lejano planeta de la constelación del Anciano, conocida en la Tierra como Abell. Nuestro objetivo era derrotar a un noble rey que ejercía una poderosa influencia sobre todos los demás reinos de ese planeta. Cruentas batallas se libraron, hasta que finalmente uno de sus más "leales" servidores lo traicionó, entregándolo a nosotros con un engaño. Su nombre era Sanukian, Rey de Palígea, el reino de la Esperanza. Se llamaba así este singular reino, porque Sanukian había logrado derrotar a los saurios expulsándolos de su planeta. Este hecho lo convirtió en casi un dios para los suyos, todos centraban sus esperanzas en que este sabio y noble rey los llevaría al esplendor como civilización. Sin embargo, aparecí con mis hordas de demonios pretendiendo conquistar este importante bastión para mi causa egoísta y personal.

El rey Sanukian era un hombre excesivamente hermoso, con una majestuosidad como pocas veces he visto en algún ser humano, sus rasgos denotaban sabiduría y bondad. Cuando fue llevado ante mí, no mostró el más mínimo gesto de temor o ira. Sólo pude percibir un profundo sentimiento de compasión hacia mi ser, lo que me turbo un poco, y traté de restarle importancia. Tomé la decisión de ejecutarlo frente a su pueblo y su familia al siguiente día.

Amanecía en Palígea. La gente se concentraba en la Gran Plaza para observar la ejecución del rey Sanukian. Por ser un noble, lo ejecutaría con su propia espada. Le dije:

–Rey Sanukian, por el derecho que me asiste como conquistador de este planeta y de todos sus reinos, te condeno a morir. ¡Contigo muere la Esperanza!

Un grito de dolor y de ira surgió entre todo el pueblo, que me miraba con un odio indescriptible. Para mí ese grito era embriagador y esa emoción me alimentaba, la gozaba. La gente no sabía que me hacía más fuerte.

Sin embargo sucedió lo inesperado.

De repente, todos los vasallos se postraron de una manera reverencial, me empecé a sentir algo mareado y débil. No sabía que estaba sucediendo. Las legiones más cercanas se sintieron atemorizados y se taparon los ojos. Una brillante luz nos cegaba. La sacerdotisa, hija del rey Sanukian, se acercaba a mí. Si el rey era un ser hermoso, su hija era un ángel encarnado como humano cuya aura era tan poderosa, que su luz nos debilitaba completamente. Di orden de que fuera apresada inmediatamente, pero ninguno tuvo la fuerza para acercarse a tan hermosa y radiante criatura. Para no debilitarme, les extraje la energía a los soldados de mi legión que se encontraban más próximos y así pude mantenerme fuerte.

Cuando ella estuvo frente a mí, me dijo:

–Oh, Sahlati-El, mira en lo que te has convertido –y con un pase mágico creó un espejo en el cual me pude ver en mi forma demoníaca y terrible.

En verdad hacía miles de años que no había visto mi imagen.

Yo mismo me impresioné al ver el monstruo en que me había transformado. Luego el espejo desapareció quedando frente a mí los ojos de la sacerdotisa, que miraron lo más profundo de mi ser. Los sentí como dos dagas cargadas de compasión y amor que tocaron hasta la fibra más sensible. Esa sacerdotisa sería parte fundamental en mi futuro, tanto que, en esta encarnación, es mi hija.

–¿Quién eres tú que conoces mi nombre?

–Soy una igual que tú, pero que decidió su camino por la Luz y el socorro a la humanidad. En el pasado, juntos servimos de igual a igual a los que ahora pretendes destruir.

–¡Finora! Eres tú, la más dulce y sabia de las angelinas de Jofiel. ¿Pero cómo es que ahora eres humana?

–Yo y otras muchas angelinas decidimos sacrificar nuestra Luz para ayudar a la humanidad físicamente. Por eso estoy aquí, para pedirte que te detengas y no lastimes a mi padre. Apelo al hermoso ángel que conocí tiempo atrás.

Sus palabras me cimbraron, algo dentro de mí se rompió y entré en conflicto conmigo mismo: una parte quería muerte y otra quería perdón.

–Finora, no te prometo nada pero, por lo pronto, detendré la ejecución de tu padre hasta nuevo aviso.

Un grito de alegría se escuchó entre todo el pueblo, mis guerreros me miraron confundidos, sin entender que estaba pasando conmigo. Su líder, que nunca cedía ante nada ni ante nadie, al que no le temblaba la mano para ejecutar pueblos enteros, repentinamente había sido convencido por una mujer para no asesinar a un hombre. No se atrevían a decirme nada, pero yo veía en sus ojos el recelo y la duda. Tenía que actuar rápido para mantener el control de mi legión. Les dije:

–Esta victoria me ha parecido demasiado fácil. Vamos a abandonar este planeta y buscaremos otro donde nos den más batalla. Tomen lo que deseen, pero eso sí, no permito que asesinen o violen a nadie. Partimos al anochecer.

Fui a donde estaban confinados Finora y el rey Sanukian para anunciarles mi decisión.

–Finora. Rey Sanukian. Les informo que a partir de este momento ustedes son libres. He tomado la decisión de retirarme del planeta sin dañar a nadie. Mis guerreros tomarán lo que les apetezca, como botín de guerra. Formalmente les hago la promesa de nunca más volver a atacar su reino o su planeta. Pueden estar tranquilos, al anochecer, zarparemos en nuestras naves.

–Sahlati-El, sabía que dentro de ti aún hay algo de ángel. Espero que recapacites algún día y vuelvas al camino de la Luz.

–¡Ja! Eso no va a ocurrir, Finora, no voy a cambiar mi libertad por ser un esclavo de la Luz. Si hoy he tomado esta decisión no es porque me haya hecho bueno. Lo hago por ti y por la admiración que alguna vez te tuve, cuando eras una comandante de las huestes de Jofiel.

Lentamente, Finora se acercó a mí, yo me puse alerta ante cualquier posible sorpresa. Ella lo notó, se detuvo y me dijo:

–Sólo te iba a dar un beso de agradecimiento.

–Mejor déjalo así. No necesito que me agradezcas nada, espero no volver a encontrarme contigo, porque no tendré piedad de ti.

Me alejé de allí tan rápido como pude, pues algo extraño me estaba ocurriendo y temía que no fuera nada bueno para mi condición de líder demoníaco.

Durante mucho tiempo seguí haciendo la guerra, conquistando mundos, pero algo había cambiado en mi actitud. Mis súbditos lo veían. Poco a poco mi deseo de violencia iba mermando y ya no encontraba placentero el estar luchando y sometiendo a los humanos. Esto trajo una consecuencia inevitable: un día se sublevaron cientos de mis comandantes de legión y me hicieron prisionero. La noticia se esparció como reguero de pólvora y varios líderes de otras legiones vinieron, junto con Luhz-El, para decidir sobre mi destino.

Muchos pedían mi extinción pues ver caer a uno de los más fuertes líderes que había en el universo les producía miedo, ya que también a ellos les podría suceder. Por eso pedían una acción extrema que sirviera como lección para quienes estuvieran pensando seguir mi ejemplo. Sin embargo, fueron Luhz-El y Sath-El, los que se opusieron a dicha medida, pues estos dos grandes líderes habían recibido mucho apoyo de mi parte y eso no lo olvidaban.

La decisión que tomaron fue que yo no volvería a tomar cuerpo físico y no dirigiría más legiones. Permanecería en el Plano Astral. Esto significaba el mantenerme prácticamente como prisionero en ese plano, sin poder "disfrutar" de la materialidad física, mis acciones serían más limitadas y perdería influencia dentro de la jerarquía obscura. En realidad no me importaba en lo más mínimo, quizás eso era lo que quería, pero no lo tenía muy claro.

Siempre traía conmigo el recuerdo de la mirada de Finora, cuando me atravesó como con dos dagas hasta lo profundo de mi ser. Creo que esa memoria me debilitaba como demonio. Me fui apagando y ya no encontraba sentido a esa existencia de brutalidad y bajas pasiones. Los otros demonios se burlaban de mí, aunque no se atrevían a tocarme porque, aún en mi debilidad, era mucho más fuerte que ellos, pero me odiaban y me llamaban *El Traidor*. Yo no le daba importancia a sus palabras.

En el plano Astral me dediqué más a la sensualidad, buscaba la compañía de los demonios hembras para satisfacer mis deseos. Cabe aquí el comentario de que esos demonios hembras son muy hermosas, no como se cree normalmente que pueden ser. De hecho los dibujos Manga, están inspirados por estos demonios, que le plasman en la mente al dibujante sus figuras. Por eso no es muy conveniente para los niños el que tengan afición por esos dibujos, ya que provienen del lado obscuro. Muchas de esas "historietas" están inspiradas en hechos que ocurrieron o que ocurren en el Plano Astral, por eso es muy común ver en ellas demonios y héroes luchando entre sí.

Esa sensualidad y placer también terminaron por hastiarme, no me hallaba a gusto en ninguna parte. Opté por aislarme, comencé a observar a los humanos por mi cuenta. En algún momento deseé ser uno de ellos, vivir sus experiencias, me impresionaba su valor y su capacidad de sacrificio. Sin darme cuenta, en mi ser anidaba el deseo recóndito de conocer el amor. Creo que fue esto lo que produjo la dispensación.

La dispensación, es un permiso que se otorga desde lo más alto de la Jerarquía Universal, para darle oportunidad a seres de Luz, de ir a buscar a los inframundos o infiernos, a seres que todavía tengan una pequeña Luz en su interior, para ser rescatados. Estas dispensaciones se dan cada cierto tiempo. Por ejemplo, cuando el Cristo encarnó en la Tierra, tuvo una dispensación con la que se le permitió descender a los infiernos –bajos astrales del planeta– y rescatar de allí a muchas almas que se encontraban atadas, desde hacía miles de años, a sus bajas pasiones. Por eso el Credo cristiano dice: "...y descendió a los infiernos". Cuando ocurre este hecho, los ángeles y los demonios no pueden combatir entre ellos, se permite que los ángeles bajen y busquen almas que puedan ser redimidas de las tinieblas.

Había llegado mi momento. Se dio una dispensación por parte de las Altas Jerarquías, ya que miles de años de guerras y barbarie habían atado a muchísimas almas a los bajos astrales. Cuando la Luz perfora las tinieblas y descienden aquellos seres de luz para buscar a quien rescatar, el espectáculo es sobrecogedor. Muchas almas huyen y los demonios se retuercen de ira y de odio, porque les es imposible acercarse a estos seres. Yo me encontraba en un risco que daba a un acantilado muy profundo y obscuro, cuando vi venir hacia mí, a mi alma gemela.

–¡Démira! ¿Qué haces aquí? –le grité.

–He venido por ti, mi amado Sahlati-El.

–Eso no es posible, mira en lo que me he convertido, en un ser repulsivo y siniestro, son demasiados los crímenes que he cometido y no creo que haya alguien que los pueda perdonar.

–Por eso estoy aquí, mi amado, porque hay alguien que ya te ha perdonado: El Padre Eterno.

Al oírlo, caí de rodillas, lloré por primera vez como demonio. Démira se acercó y me abrazó. Una fuerte corriente de energía me recorrió, como hacía miles de millones de años no sentía, como cuando era un ángel del cielo.

Ese abrazo fue interrumpido por una potente voz que yo conocía. Era el Comandante Konrad, mi comandante cuando pertenecía a las legiones de Mikha-El.

–El tiempo se nos termina, debemos irnos.

–Démira, debes irte –dije.

–¿Acaso no quieres venir con nosotros Sahlati-El? –me preguntó el comandante.

–¿Yo? ¿Cómo puedo aspirar a salir de esta Oscuridad que he ayudado a crear?

–Con que desees nuevamente la Luz, podrás salir. ¿Lo deseas Sahlati-El?

Sin pensarlo dos veces grité:

–¡Sí, lo deseo!

En ese momento, varios ángeles, con sus poderosas espadas azules, descendieron y comenzaron a cortar las cadenas de energía astral que me mantenían prisionero a este plano. Debo decir que sentí un dolor, igual o peor, a cuando uno se quema la piel, me retorcía de dolor físico, sentía que me iba a extinguir, parecía que mi cabeza iba a explotar y casi resultaba así, pues mi vestidura astral se estaba consumiendo. Todas las tinieblas que había creado a mi alrededor, durante millones de años, se desintegraban bajo el fuego azul de Mikha-El. Podía ver el rostro de angustia y sufrimiento de mi compañera Démira, de sus ojos brotaban lágrimas y ella también llegó a creer que no soportaría esa prueba. No era nada común que un demonio se arrepintiera y deseara volver a la Luz. Si no fui el primero, por lo menos fui de los primeros. Los otros demonios veían como se estaba efectuando mi transformación y huían despavoridos. Como dice el dicho: "parecía que habían visto al Diablo". No sé cuánto duró ese "infierno", lo último que recuerdo es a Démira mirándome con todo su amor.

Aquí terminaban los sucesos del libro viviente.

–Esto me parece increíble, *L.F.*, pero me explica muchas cosas que he vivido –reflexioné un momento–. Dime una cosa: durante toda mi vida, desde que era un niño, he soñado que luchaba contra demonios y, cuando así era, amanecía muy cansado. De hecho padecí muchas fiebres de niño, mis padres tenían que llamar al médico a cada rato para que me examinara. Aparentemente eran fiebres normales, que les dan a todos los niños, pero yo sentía que había algo más en ellas.

–Tus luchas no eran simples sueños, eran reales y se debía a la traición que nos hiciste al abandonar todo lo que habíamos construido. Nos diste la espalda Sahlati-El.

–No les di la espalda, más bien creo que les mostré un camino de redención al cual se pueden acoger.

–¿Y perder nuestro poder? ¡Eso jamás!

–¿Cuál poder *L.F.*? ¿El terror, la destrucción y el caos?

–Puede que así sea, pero en él reinamos.

–¿Hasta cuándo?

–Hasta que el último de los humanos nos pertenezca.

–Creo que tenemos conceptos muy diferentes. Además estoy yo para seguir luchando por la libertad de la humanidad, así como lo hice por nuestra libertad como ángeles. Ya no quisiera tener que combatir a los tuyos cada noche, pero si no me queda más remedio lo seguiré haciendo.

–Ya no tendrás que luchar más contra nosotros. Hoy has pasado la prueba más dura que cualquier humano pudiera pasar jamás. A partir de este momento, todos los demonios te respetarán, no se atreverán a tocarte nunca, pero debes prometer no atacarnos y respetaremos este pacto.

–Hoy, mi querido amigo *L.F.*, he entendido algo muy valioso e importante: el mal no se combate con el mal, solo el amor lo puede todo. Así que puedes estar tranquilo que jamás intentaré dañar o extinguir a uno de los tuyos.

–Me llamaste amigo, de nuevo. Me gustó, quiere decir que no hay resentimientos en ti. Sabe que cuando me necesites puedes contar conmigo.

–Gracias, Luhz-El, espero que un día te conviertas en ese ser radiante que una vez fuiste.

–Bueno, tu Maestro te está esperando, pues tiene que terminar de mostrarte tu historia.

En un momento estaba en la salida y mi amado Maestro Altaír esperándome con los brazos abiertos.

–Nuevamente has triunfado, hijo mío. Ahora ya sabes quién eres.

–Así es, Maestro, pero tengo muchas más interrogantes.

–Lo sé, pero pronto conocerás la parte que falta de tu historia. Ahora regresemos nuevamente al templo, en Eulyon. Mayanni ya está por despertarse.

Emprendimos el regreso a través del portal que el Maestro había creado. Volvimos a las habitaciones subterráneas del templo. Entré en mi cuerpo físico y sentí un gran alivio de encontrarme sano y salvo. Uno de los eulyonitas entró a la habitación invitándome, gentilmente, a desayunar con todos ellos.

–Este desayuno es para sellar nuestra alianza con el porvenir de Eulyon –dijo antes de comenzar a comer–. En el futuro lejano, estaremos todos reunidos aquí otra vez, para trazar los planes de salvación para la humanidad eulyonita. Rhodel y Mazhara serán sus guías en esos tiempos. Ahora son unos jóvenes terrestres que están aprendiendo a amar. Su tarea consistirá precisamente en sembrar el amor en este moribundo planeta. Muchos de ustedes tendrán la oportunidad, más adelante, de poder encarnar en la Tierra como hijos, parejas, hermanos o amigos de ellos. Su sello característico será la lealtad. Levanten sus copas para que la bendición y la Luz del Padre desciendan sobre ellas.

El Maestro Altaír levantó la suya y un poderoso rayo de color rosa bajó del cielo, penetrándola y, haciendo reacción en cadena, llenó las otras copas hasta que se formó un poderoso círculo de luz rosa que entró hasta nuestras entrañas. Todos bebimos la luz que se había condensado como líquido. Una oleada de amor puro y divino nos invadió. Nos abrazamos como una gran familia, mi familia de Eulyon.

Luego de haber comido ese frugal y delicioso desayuno, el Maestro Altaír nos pidió que entráramos al templo nuevamente, para terminar de ver nuestra historia en Eulyon.

22
El drama en los mundos de Lyra

Continuamos la proyección de nuestras vidas en Eulyon, donde nos habíamos quedado el día anterior.

Yo me despedí de mi hermana Mayanni y me marché con el Maestro Altaír para comenzar un entrenamiento especial. El Maestro me condujo, en una nave espacial, a un planeta que orbita alrededor de una estrella llamada Asdanas –al que en la Tierra se le conoce como Meissa–, en la constelación de Orión. Allí me iba a mostrar una realidad que era ignorada intencionalmente por los gobernantes de Eulyon.

Pronto nos acercamos al planeta, en el que parecía que todos los volcanes estuvieran en erupción. Sin embargo, a medida que nos aproximábamos, nos dimos cuenta de que, lo que parecían volcanes, en realidad eran ciudades incendiadas y destruidas por poderosas armas.

–¿Qué es eso, Maestro?

–Es la estela de destrucción que va dejando una raza inteligente a la que se les conoce como los saurios.

–¿Los saurios?, jamás había oído hablar de ellos, ¿quiénes son?

–Son la raza humana más antigua que se conoce en el universo, llevan miles de millones de años dominando en gran parte del Universo Manifiesto. Esa antigüedad la han tomado como pretexto para considerarse los dueños de todos los mundos y las estrellas que existen en el basto universo. Su línea jerárquica es matriarcal, son las hembras las que gobiernan y mandan, es a través de ellas que se mantienen los linajes de sangre. Los saurios machos no importan dentro de su sociedad, sólo son vehículos de inseminación, operan como soldados y obreros al servicio de las hembras. Los saurios se consideran a sí mismos la humanidad más perfecta, ya que argumentan que se han mantenido en el mismo arquetipo forma y no han necesitado evolucionar a otro estado para ser más fuertes y poderosos, desprecian a las otras especies de humanidades que existen, las consideran inferiores y, por lo tanto, pretenden tener el poder y la voluntad para hacer con ellas lo que les plazca. Durante millones de años han estado invadiendo mundos y sometiendo humanidades.

–Pero eso está mal. Alguien debería detenerlos. ¿Por qué las Jerarquías Espirituales no hacen nada al respecto?

–Mi querido Radel –ese era mi nombre en aquella primera encarnación como humano y el de Mayanni, era Omadina–, todo en este universo es relativo y el bien y el mal no escapan a ese principio. En tu visión humana esto puede parecer atroz e injusto, pero dentro del Gran Plan no es así. Todo trabaja perfectamente para el desenvolvimiento de la Gran Obra. A ti puede parecerte malo, pero si puedes analizar y profundizar en los efectos que generará a futuro, verás que es gracias a esas aparentes "maldades", que la humanidad avanza y toma consciencia de su potencial divino.

–¿Eso quiere decir que se necesita el mal para progresar?

–No necesariamente, pero en las humanidades más primitivas, las almas se encuentran aletargadas por el peso de la materia y difícilmente responden a las altas frecuencias de vibración del amor. Por eso es que sus emociones son toscas y brutales. El dolor y el sufrimiento son frecuencias muy potentes que golpean las capas más profundas de la consciencia del individuo, haciéndolo reaccionar. Cada sufrimiento y cada dolor van rompiendo las capas de insensibilidad que cubren el alma, hasta transformarlo en un ser sensible y consciente.

–Maestro, mis emociones son muy fuertes. Eso quiere decir que soy un alma primitiva. Pero no estoy rodeado de seres brutales o insensibles, todo lo contrario. Significa que soy yo el que no encaja en ese mundo. ¿Por qué?

–Tu historia, mi querido Radel, es un tanto diferente a la de las almas que se individualizan por primera vez y entran al reino humano. Tú provienes de otro reino más elevado, pero por circunstancias propias de tu evolución, descendiste a los planos más densos y pesados que existen en el universo. De ello sabrás mucho, más adelante. Por ahora lo importante es que sepas que no es casualidad ni coincidencia que hubieras encarnado en Eulyon. Traes contigo una fuerza muy especial que se necesitará más adelante para salvar este planeta de la destrucción total. Suena paradójico lo que te voy a decir, pero en dos ocasiones salvarás a tu planeta: la primera enseñándoles a luchar y la segunda enseñándoles a amar.

–No entiendo, son dos cosas totalmente opuestas, ¿cómo puede ser eso?

–Veo confusión en tu alma, pero no hay de qué preocuparse, todo sabrás a su debido tiempo. Ahora concentrémonos en tu adiestramiento. Esas humanidades, llamadas saurios, llegarán pronto a la constelación de Lyra. No se podrán comunicar con los lyranos, esto creará confusión y darán comienzo las guerras de Lyra. Los saurios devastarán mundos enteros aprovechando que los lyranos son pacíficos y desconocen la guerra. Aquí es donde entras tú.

–¿Yo?

–Sí, porque aunque no lo sepas, los líderes saurios te reconocerán y te temerán. Alguna vez ellos estuvieron bajo tu dominio, te conocen muy bien.

Cabe recordar, que en esta vida que fue la primera como humano, yo no tenía conocimiento de quien había sido ni de lo que había hecho. Sería hasta la encarnación actual, al tener la experiencia con Luhz-El y los demonios, cuando me enteré de mi lejano origen.

–Pero, ¿cómo voy yo a poder ayudar si, sutilmente, me desterraron de Eulyon?

–Y es lo mejor que han hecho, pues nos dio la oportunidad de contactarte directamente para comenzar tu adiestramiento, junto con otros humanos del sistema solar de Vega. A tu lado, crearán una poderosa fuerza que será capaz de contrarrestar los ataques de los saurios. Te he traído a este planeta para que veas de primera mano el poder destructivo y depredador que tienen esos seres; no dejan nada a su paso y a los humanos que no matan, los esclavizan para que trabajen en las minas extrayendo los minerales que necesitan para sus mundos.

También los mantienen como reserva alimentaria.

–¿Quiere decir que son caníbales?

–Así es, la mayoría de ellos consume carne humana como parte integral de su dieta. Antes de sacrificarlos, los aterrorizan para que suelten ciertas hormonas que son como una fuerte droga para su sistema neuronal. En verdad es muy cruel su forma de actuar.

–Entonces debemos eliminar a todos los saurios del universo.

–No, hijo, no se trata de exterminarlos. No todos los saurios son así, de hecho existen humanidades saurias de un elevado nivel espiritual, que se oponen a las acciones de los depredadores, pero no son la mayoría. El objetivo de prepararte a ti y a los que estarán contigo para la guerra, es terminar con ella y evitar el exterminio de las civilizaciones lyranas. Ahora nos dirigiremos a la constelación Rignus –llamada en la Tierra, Scorpio. Debo aclarar que muchos de los nombres de estrellas, sistemas solares, constelaciones y galaxias que pudiera llegar a nombrar a través de este escrito, son desconocidos en la Tierra, ya que los nombro como los llamaban en aquella época o como se les sigue llamando en otros planetas o galaxias. Para facilitar la lectura, he procurado nombrar a cada planeta o estrella que sean conocidos en la Tierra con el nombre que aquí les damos, de esa forma, les facilito su ubicación en los mapas estelares–. Allí en Rignus iremos a un sistema de estrellas gemelas donde hay infinidad de mundos habitados por humanidades insectoides, que te enseñarán todo lo que debes aprender sobre la lucha y la guerra.

–¿Humanidades insectoides?

–Sí, son humanidades que se desarrollaron de los arquetipos de los insectos. Quizás en un principio, cuando los veas, te causen temor por su apariencia y estatura, pues son más altos que el tipo promedio de los eulyonitas: miden entre tres y cinco metros. Estas humanidades son bastante evolucionadas y de un alto grado espiritual, pero tienen como disciplina las artes marciales –de hecho, entre los humanos de la Tierra, la raza amarilla tiene en su ADN, un fuerte componente de esta humanidad insectoide, de ahí su misticismo y fascinación por las artes marciales–.

Viajamos durante varios días a través del universo para llegar a dichas estrellas y sus planetas. Finalmente, aterrizamos en un planeta con una vegetación exuberante y muy hermosa, donde los colores iridiscentes de las flores y de los animales producían una alegría increíble.

–Este planeta se llama Talestra, es parte de un sistema de mil seiscientos mundos habitados por razas insectoides. Aquí está el centro de entrenamiento marcial del sistema. Humanidades de diversos tipos vienen para aprender a luchar y defenderse de los saurios, ya que a todos los une la misma causa: la libertad y continuidad de su civilización.

Cuando el Maestro dijo la palabra *libertad*, una fuerte punzada me agitó el corazón. Vagos recuerdos de mundos desconocidos y de una lucha, vinieron a mi mente en ese instante. El Maestro sólo sonrió y continuó su descripción de este paradisíaco mundo.

–Aquí puedes respirar la paz y la alegría. Suena paradójico que en este lugar se le enseñe el arte de la guerra a las distintas humanidades, pero es precisamente en la quietud de la paz, donde el hombre encuentra el equilibrio para sostener la guerra y no caer en la barbarie, pues en ocasiones el individuo se ve forzado a luchar por lo que ama y por sus propios ideales.

En esos momentos se acercaba una comitiva y veía, por primera vez, a los humanos insectoides. Confieso que me impresionaron bastante, sobre todo porque eran iguales a una *mantis religiosa*, con unos ojos verdes muy grandes y un exoesqueleto igual al de cualquier insecto. No podía creer que fueran humanos y mucho menos, que estuvieran avanzados espiritualmente. El que parecía tener el mayor rango se aproximó y saludó al Maestro con una reverencia leve, que él correspondió. Se comunicaban telepáticamente ya que los insectoides no tienen un sistema de cuerdas vocales como nosotros los humanoides tipo antropoide, que es a la cepa a la que pertenecemos todos aquellos que tenemos la forma de hombres. Yo no tenía desarrollados mis poderes telepáticos, pero sería el Maestro Katsuno –como se llamaba el insectoide que se comunicaba con mi maestro–, quien me ayudaría a despertar estos sentidos –y otros que tenía ocultos–, y que en un futuro me serían de gran utilidad. Quizá notaron que el nombre de este Maestro parece japonés, pues como ya dije, hay una afinidad y relación muy profunda entre los insectoides y las razas amarillas de la Tierra. El maestro Altaír se acercó y me dijo:

–Mi querido Radel, quedas en manos del Maestro Katsuno, quien te va a preparar en la escuela del Equilibrio Marcial. Aprenderás todo lo que tienes que saber de la guerra y de la paz.

Te dejo. Volveré por ti cuando estés listo.

Asentí con la cabeza y le estreché la mano al Maestro, pensando que lo vería pronto. Lo que no sabía era que mi entrenamiento duraría veinte años terrestres. Los asistentes del Maestro Katsuno me guiaron a la escuela. Entre ellos había varios humanoides que trataron de comunicarse conmigo, pero ni ellos me entendían ni yo a ellos, sin embargo, era un alivio encontrar más humanos parecidos a mí.

No entraré en detalles sobre la instrucción. Hablaré de lo más importante.

El Maestro Katsuno se sentó conmigo, al día siguiente, en un jardín maravilloso, me hizo señas de que cerrara los ojos y al momento sentí una fuerte energía entrando por la nuca, dirigiéndose hasta mi entrecejo. Una explosión se produjo dentro de mi cabeza, veía-escuchaba los pensamientos del Maestro Katsuno. Lo más impresionante es que me podía comunicar con él sin ningún tipo de obstáculo o interpretación errónea. La comunicación era perfecta, lo que me puso muy contento. Luego me di cuenta de que todos los estudiantes se podían comunicar entre sí telepáticamente, sin necesidad de saber el idioma del otro. Ya no me encontraba aislado, podía interactuar con todos sin ningún obstáculo idiomático. El Maestro me enseñó a cerrar mi mente para que no pudieran ver mis pensamientos íntimos, sino solo lo que yo quería compartir.

Aquí comenzó quizás la instrucción más importante que he recibido en todas mis encarnaciones, pues aprendí a centrarme en mi interior y a controlar mi mente, podría controlar mis emociones y en especial esos ataques de ira que me daban en Eulyon. Luego vino toda la instrucción militar.

Conocí a una chica hermosísima, que venía de un planeta de la constelación que en la Tierra llamamos del Dragón, de la estrella nombrada Arrakis. Su planeta estaba siendo hostigado por los saurios y ella, al igual que yo, había sido enviada a Talestra para prepararse en las técnicas más avanzadas de la guerra. Habíamos quedado en el mismo equipo de instrucción. Sus facciones exquisitas, eran muy parecidas a las de las mujeres irlandesas en la Tierra: piel blanca y cabellos negros, ojos azules profundos y cuerpo muy bien torneado. No alcanzaba el metro ochenta, por lo que su cabeza llegaba a la altura de mi barbilla. Algo peculiar en su raza es que eran casi indestructibles, sus cuerpos podían resistir golpes que a otras humanidades los hubieran destrozado. Era algo en su genética, los huesos jamás se les partían, eran más duros que el acero y sin embargo eran ligeros. Aliana –como se llamaba–, parecía una chica normal, pero su fortaleza física era excepcional. Cuando la apretaba entre mis brazos no sentía dolor o asfixia. Me parecía algo increíble. Nos fuimos enamorando casi sin darnos cuenta. Era tan bella, que me era imposible apartarla de la mente.

El Maestro Katsuno se dio cuenta y un día se me acerco y me dijo telepáticamente:

–Hijo, sé que estás enamorado de Aliana, pero ella tiene un esposo en su planeta, debes respetar su unión. Aliana sufre porque también se ha enamorado de ti y sabe que si su esposo se entera, perdería todos sus derechos en su sociedad y sería desterrada. No sería problema si Aliana no tuviera hijos, pero es madre de dos hermosos niños.

Me quedé helado, pues no sabía que ella era una mujer con familia. ¿Qué podía hacer?

–Hijo, esta es la prueba más dura para ti, pues sé que todos los demás ejercicios militares los pasarás sin muchos inconvenientes, pero las pruebas del corazón son las más difíciles de superar. No los voy a separar, porque eso solo aumentaría la pasión, ustedes deben ser capaces de controlarse a sí mismos y terminar su adiestramiento limpiamente. Me prometí no volver a tener contacto físico con Aliana, me limitaría únicamente a lo estrictamente militar. Se lo hice saber y ella estuvo de acuerdo.

Fue muy duro para mi corazón el verla a diario y no poder acercarme y tocarle siquiera un cabello. *¿Por qué?* –me repetía constantemente–. *Si esto es el amor, no lo quiero.* Pero en mi corazón crecía más y más la llama tirana y castigadora. Procuré concentrarme en mi entrenamiento, los ejercicios físicos los hacía con mucho vigor, buscando desfogar en ellos mi frustración, como lo hacía en Eulyon para evitar los ataques de ira. Pero de poco me servía, porque no hacía sino verla por un instante y ¡zas!, mi corazón se aceleraba inmisericorde. Aliana, por otra parte, parecía haberme sacado del suyo, porque yo le era totalmente indiferente. Eso me dolía y sentía como una puñalada que me partía en dos. Así pasaron los años, día con día vivía un drama interno, que no lograba apaciguar.

En un momento dado, nos enviaron a combatir contra los saurios, en algunos mundos que estaban siendo saqueados por estos depredadores. Los insectoides habían desarrollado armas muy poderosas para luchar contra ellos. Las batallas eran violentas, había muchas bajas en ambos bandos y muchos de mis compañeros murieron en la lucha. Yo estuve a punto de caer también pero, gracias a mi fuerza, logré desarmar a un saurio de más de tres metros de altura, consiguiendo partirle una de sus tres columnas vertebrales, ya que estos seres son tan grandes y pesados que necesitan tres columnas para sostener su enorme volumen. Nos dimos cuenta que en el cuerpo a cuerpo eran muy torpes, pero muy fuertes y, si te agarraban entre sus garras, podías darte por muerto pues era casi que imposible escapar. Nuestra velocidad compensaba su fuerza. Dependíamos de nuestra agilidad para no dejarnos atrapar o herir por sus armas, que eran muy pesadas, pero contundentes. En la guerra aérea, las naves insectoides eran mucho más avanzadas y en ese terreno los saurios no podían competir, por eso evitaban a toda costa las confrontaciones en el aire. Su fortaleza estaba en la tierra, donde construían ciudades subterráneas, pasajes debajo de las montañas y los mares, difíciles de localizar, pues son expertos en el arte del camuflaje. Precisamente un día nos topamos, casualmente, con la entrada de uno de esos pasajes. Varios saurios hacían guardia y, al vernos, se lanzaron contra nosotros, con sus mazos en alto, para matarnos. El líder de mi escuadrón era un insectoide de cinco metros de altura con un caparazón como el de un escarabajo rinoceronte que prácticamente era impenetrable. Con un golpe de su espada mató al jefe de los saurios. Ellos eran cinco y nosotros cuatro, así que quedamos parejos, uno a uno. Sabía que debía evitar el golpe de sus mazos que traían puntas que producían, al contacto, una descarga de mil voltios. Si no morías por el golpe, morías electrocutado, pero de que te morías, te morías. Nosotros contábamos con armas tipo láser, pero eran bloqueadas por sus escudos protectores de energía, que eran generados desde los brazaletes que portaban en las extremidades. La única forma de penetrarlos era con espadas hechas con un metal, desconocido en la Tierra, que es veinte veces más duro que el acero y cinco veces más liviano. Fui embestido por el saurio, caí al suelo porque me tropecé con el cuerpo del líder muerto, mi espada se me escapo de las manos y quedé prácticamente indefenso. El saurio levantó su mazo para golpearme, pero yo le detuve el brazo con toda mi fuerza, duramos un buen rato forcejeando, sabía que debía hacer algo pronto porque no podría resistir mucho más y entonces recordé que los saurios tienen una zona muy sensible en lo que podríamos llamar las axilas, allí su piel es más delgada y hay terminaciones nerviosas que les ayudan a tomar la energía de la tierra para fortalecerse. Con un movimiento rápido, solté mi brazo derecho y le golpeé su axila izquierda. Fue tan duro el golpe, que sentí cuando le desgarré la piel y penetraba hasta los huesos. El saurio soltó el mazo y lanzó un gruñido de dolor, tan fuerte, que los otros saurios se quedaron paralizados, momento que aprovecharon mis compañeros para matarlos. Yo tomé mi espada y, de un golpe, le partí una de sus columnas vertebrales. Cayó pesadamente al suelo, para no levantarse más. Rápidamente fuimos sacados de allí, vía aérea, ya que de las profundidades del planeta, venían más saurios.

Así, íbamos aprendiendo a luchar contra estos formidables lagartos. Había algo que me parecía familiar en todo esto, pero no sabía que era.

En una ocasión un líder saurio, me gritó un nombre que yo sabía que era el mío, pero no como humano, lo que me impactó mucho. Recordé que el Maestro me dijo que ellos me conocían porque yo los había tenido bajo mi poder. En fin, no sabría de ellos hasta la encarnación actual.

Pasaron veinte años y finalmente me gradué como Comandante de Operaciones Terrestres, lo que me capacitaba para crear y dirigir estrategias de lucha en cualquier lugar del universo.

Al siguiente día de mi graduación, Aliana partió para su planeta, pero antes de marchar se me acercó y me dijo:

–Sé que piensas que me olvidé de ti y que me fuiste indiferente en mi vida, pero no es así. Te he seguido amando hasta el día de hoy, con igual o mayor intensidad que cuando nos conocimos, pero he tenido que sacrificar mi amor por ti y darle prioridad a mi familia. Te amo y siempre te amaré.

Se acercó y me dio un beso en la boca. Yo la abracé con todas mis fuerzas, no quería desprenderme de ella, hasta que la voz del Maestro Katsuno me volvió a la realidad.

–Suéltala y déjala ir.

Obedecí, ella se dio vuelta y se marchó. Las lágrimas rodaron por mi mejilla. Pensé que nunca más la volvería a ver. Una voz que me era muy conocida me sacó de mis pensamientos. Era el Maestro Altaír que había regresado.

–Hijo, veo que estás aprendiendo a amar.

–Sí, pero a quien no se debe –repliqué.

–Los caminos del amor son muy misteriosos, ni siquiera nosotros los Maestros los podemos descifrar y entender del todo. Pero, bueno, entre los misterios de Dios, es de los más bellos y fascinantes.

–Sí –respondí con un suspiro.

En ese momento Aliana volteó a mirarme por última vez, antes de que se cerrara la puerta de la nave que la conduciría a su planeta.

El Maestro Altaír me miró un tanto asombrado, pues me había hecho todavía más fuerte de lo que era cuando me dejó, veinte años atrás. Él no cambiaba en nada, parecía que había sido ayer que lo había visto, pues su rostro y cuerpo eran exactamente los mismos.

–Bueno, hijo, llegó el momento de marcharnos. En Vega te están esperando.

Hasta aquí llegó el relato de ese día. Muchos de los que estaban viendo la proyección estaban llorando, conmovidos por la historia entre Aliana y yo. Mayanni también lloraba. Me acerqué para consolarla y ella me abrazó como queriendo captar lo que Aliana sentía cuando la tomaba entre mis brazos.

–Mayanni, intuyo que tú y yo hemos vivido historias de amor en otras vidas y no eres completamente ajena a mi corazón. Seguramente nos enteraremos después.

El Maestro Altaír nos convidó a cenar, a Mayanni y a mí, en sus aposentos, a lo cual accedimos encantados. Ya en ellos, el Maestro nos dijo:

–Ahora les voy a enseñar el vínculo que ustedes dos tienen y para ello vamos a cenar algo frugal. Después vamos a relajarnos para salir en nuestros cuerpos mentales, ya que tengo que llevarlos al lugar donde todo empezó.

23
De la pasión al amor

Esa noche, nos acostamos temprano y salimos en nuestros cuerpos mentales. El Maestro nos indicó que lo siguiéramos conectándonos con su mente. Así lo hicimos y pronto estuvimos en un mundo que había caído bajo mi dominio, cuando era el líder de los demonios. Se llamaba Nermaon. Allí la humanidad había alcanzado un grado de desarrollo similar al del Imperio Romano, en la Tierra. Era primitivo dentro de los parámetros de evolución planetaria. Fue muy fácil su conquista, de hecho, al llegar en naves voladoras, nos consideraron dioses y no opusieron ninguna resistencia. Yo me alegré de ello, porque ya había vivido el incidente con Finora, mis sentimientos estaban cambiando rápidamente y ya no quería matar ni aterrorizar humanos. Sin embargo seguía a la conquista de nuevos mundos, buscando un lugar donde establecerme definitivamente y dedicarme a hacer una vida normal como si fuera humano. Eso era lo que más deseaba. A mis guerreros no les agradaba para nada mi actitud y, por el contrario, los refrenaba mucho y no les permitía cometer crímenes. Lo más que podían hacer era asustar a los humanos y permitirse la lascivia, quizás por esto último era que no se revelaban abiertamente a mi mando. Yo también buscaba intensamente el placer y para ello hacía llevar ante mí a las mujeres más hermosas y sensuales del planeta conquistado, pero pronto me aburría de ello. No había nada que me llenara, buscaba algo pero no sabía qué era exactamente, hasta el día que llegó Virdana, una joven de tan solo veinte años, hija del gobernador de una provincia que estaba bajo mi dominio. Era aún casta. Había sido enviada a mi palacio para que su padre no fuera destituido del cargo. Era un hombre ambicioso y sin escrúpulos al que no le importaba el destino de su hija, sino solamente el poder a toda costa. Yo lo sabía y lo despreciaba por ello. No sé cómo pero había destellos de moral en mí.

–Acércate, jovencita –le dije a Virdana, que estaba cubierta por un velo y vestida con finas ropas y joyas–. Descúbrete la cabeza –le ordené.

Ella se quitó el velo y su cabellera rubia se soltó hasta la cintura. Era la mujer más hermosa que había visto, después de Finora, entre todos los humanos. Parecía una escultura. Me quedé extasiado y mi lujuria me hizo desear poseerla de inmediato, me puse frente a ella, levanté su cara para contemplarla. Ella me miró con gran tristeza, eso me turbó e hizo que me retirara. Inexplicablemente sentí compasión por esa criatura y no quise poseerla por la fuerza. Ordené que la acomodaran en la mejor habitación del palacio, que le dieran todas las joyas que ella quisiera y los mejores vestidos que se pudieran conseguir en el planeta. Sólo le exigía que me acompañara a comer y a dar una caminata todos los días por los jardines del palacio.

–Sabes quién soy, ¿verdad?

–Sí, eres el tirano y malvado opresor de nuestra gente.

–Por menos que eso que acabas de decir te podría mandar ejecutar.

–Y por qué no lo haces de una vez por todas, para acabar con este sufrimiento.

–¿Sufrimiento?, pero ¿por qué sufres?, si tienes todo lo que cualquier mujer de tu mundo pudiera desear.

–¿Y a ti quién te dijo que a mí me interesan los lujos con los que me has rodeado? Por mi puedes tirarlos a los abismos y no me importaría nada.

–Veo que me odias profundamente y en vez de alegrarme por ello, me causa tristeza. No sé qué es lo que está pasando conmigo. Si hubiera querido te hubiera poseído en el instante que te vi, pero algo me lo impidió.

–¿Tú, sintiendo tristeza por alguien?, ¿tú que has sido el demonio más inclemente y malvado que se conoce entre las historias de los antiguos? –comenzó a reír–. No lo puedo creer. Mejor acaba de una vez conmigo, has lo que quieras con mi cuerpo, porque mi alma nunca la tendrás.

–Retírate, vete a tus habitaciones, no te quiero ver más, porque no sabes lo que soy capaz de hacerte.

Mi tono de voz la intimidó y rápidamente se alejó de mí.

–Es tan altanera como hermosa, me vuelve loco, pero quiero que se entregue a mí con la pasión que yo siento por ella. Sabré esperar.

Así pasaron los meses, las caminatas por los jardines se hicieron más largas. Poco a poco, Virdana fue cediendo en su trato de desprecio hacia mí, empezaba a interesarse un poco más en lo que había sido mi vida, y había comenzado a escribir acerca de lo que yo le narraba, de nuestra caída como ángeles y nuestra lucha por la libertad. A ella le atraía mucho este tema, quería saber más y más sobre nuestra causa. Un día entró al lugar donde yo atendía los asuntos del planeta y me dijo:

–Quiero que esta tarde vengas a mis aposentos, hay algo que quiero enseñarte.

–Sí, claro –contesté, un tanto sorprendido–. Tan pronto me desocupe de estos asuntos estaré contigo.

–¡No me falles! –sonrió.

Era la primera vez en tanto tiempo, que me regalaba una sonrisa. Algo se cimbró dentro de mí, todos notaron que mi temperamento se había transformado y que estaba feliz, algo muy inusual en mí.

Tan pronto me desocupé, corrí a sus habitaciones, pero primero me acicalé un poco para no parecer tan horrible. Me observé en un espejo de cristal y pude verme tal como era: un demonio espantoso. De ese ángel que alguna vez había sido, no quedaba nada. Fue como una bofetada en mi ser.

–Pero en que estás pensando, iluso –me dije–, una mujer tan hermosa como Virdana no se va a fijar en un monstruo como tú. ¡Detente, insensato!, vas a salir lastimado. Qué curioso, un demonio lastimado, de cuando a acá, ¡ja! ¿Qué me está pasando?, es algo que no puedo entender ni explicar, será que... No, no puede ser, eso es imposible, en nuestra naturaleza no cabe esa palabra, es algo ilusorio, él no existe, es pura invención humana y de ángeles serviles.

–Ven que te quiero enseñar algo –era Virdana que me hablaba desde su balcón.

Subí las escaleras de tres zancadas y llegué a su puerta.

—Pasa, por favor. Estoy aquí en mi sala de descanso.

Ingresé a sus habitaciones, nunca había estado en ellas. Los muros estaban llenos de pinturas y había esculturas por todos lados. No sabía que Virdana era una artista.

—Mira lo que te he hecho —dijo.

Descorriendo un velo, apareció una pintura donde estaba yo, combatiendo contra un ángel en un puente, en medio de un río. Del lado donde se veía mi figura, estaba escrita en el tronco de un gigantesco árbol la palabra *libertad*. Era una pintura muy bella, en la que había pintado todos los detalles de mi vestimenta y había suavizado mi fealdad, poniéndome más angelical que demonio.

—Pero yo no soy así.

—Es como te veo. Detrás de ese aparente demonio, hay un hermoso ángel y creo que he llegado a conocer mejor al ángel que al demonio.

Quise besarla por lo que acababa de decir, pero al acercarme a ella, me contuve, no quería parecer aprovechado y forzar la situación. Ella se dio cuenta y disimuladamente desvió mi atención hacia otra pintura, donde estaba pintado mi rostro demoníaco.

—Así te vi al principio e hice esta pintura para decirte en ella, todos los días, cuánto te odiaba, pero debo confesarte que sentí de esa manera sólo los primeros tres meses, después comencé a conocerte y ese sentimiento fue desapareciendo, pues me di cuenta que hay humanos que son peores que tú, mi padre es una muestra, ya que me vendió a ti por su ambición.

–Virdana, eres libre de irte cuando quieras, no te detendré y no dejaré que nadie te haga daño, puedes regresar con tu familia si así lo deseas y puedes llevarte todas las joyas y vestidos que tienes.

Me di vuelta para retirarme. Entonces ella me dijo:

–Espera, ¿en verdad me dejas libre?

–Sí, tienes mi palabra. Ahora mismo haré que alisten mi nave y te lleven con tu padre.

–¡No!, yo no quiero regresar con mi padre.

–Bueno, entonces a donde tú quieras ir. Te prometo que no te faltará nada mientras yo esté en este planeta.

–Siempre he soñado con tener una cabaña en un paraje muy hermoso, cerca de un río que está no muy lejos de este puente, donde te dibujé.

–Bien, tus deseos son órdenes. Ahora mismo haré que te construyan esa cabaña como tú la quieras.

Una semana más tarde, Virdana se marchaba a su cabaña soñada. Al despedirse me dijo:

–Sé que te queda lejos, pero me gustaría que vinieras a visitarme y que camináramos por el bosque para que me sigas hablando sobre tu causa.

–Cuantas veces quieras, estaré allí contigo.

Como se lo había prometido, fui casi todos los días, hasta que una tarde, Virdana me tomó de la mano y me dijo por primera vez las palabras:

–Te amo.

–¡Qué! ¿Cómo dijiste?

–Que te amo con todo mi corazón y ya no soporto el tenerte tan cerca y no poderte amar.

Sin pensarlo dos veces se abalanzó a mis brazos y me besó apasionadamente. Yo estaba en shock. El demonio terrible e implacable, era vencido por el amor. Me volví torpe en las caricias, parecía un adolescente que estaba por primera vez experimentando las delicias de la pasión. Virdana se reía de mi torpeza y más ternura le producía. En verdad estaba enamorada de mí, porque no sentía asco ni repulsión por mi aspecto. Empecé a sentir una opresión en el pecho que no me dejaba respirar, hasta que grité:

–¡Yo también te amo!

Fue tan fuerte mi grito, que hasta mi guardia personal lo escuchó. Ese sería el principio de mi fin.

Nuevamente estábamos los tres con el Maestro quien, sonriendo, nos dijo:

–Ahora ya saben cómo se conocieron. Fueron unidos por el amor ¡y vaya amor!

–Sí, no salgo de mi asombro al saber cómo Mayanni se pudo haber enamorado de mí en esa faceta tan obscura y horrible de mi vida.

–Aunque tenías el aspecto de un demonio, había algo en tu interior que me decía que eras totalmente diferente a lo que mostrabas en tu aspecto físico –respondió ella–. Sin embargo, estoy sorprendida al enterarme de tu naturaleza, jamás lo hubiera imaginado. ¡Vaya que eres muy especial, mi amado!

Sonreí y le di un beso, al cual ella correspondió apasionadamente. Luego sentimos algo de rubor porque el Maestro estaba presente.

–Bien, hijos, ahora que ya conocen parte de su historia, los quiero llevar al momento en que tú tomaste cuerpo humano, por primera vez –me dijo–. Concéntrense nuevamente.

24
Hacia la inmortalidad

Nuevamente el Maestro nos llevó hacia ese momento en que fui rescatado del infierno, cuando los ángeles de Miguel bajaron y cortaron todas las cadenas que me ataban a los bajos astrales. Recordemos que fue un momento intensamente doloroso en el que, el último recuerdo que tuve, fue la mirada de angustia de mi alma gemela, Démira.

Tuvo que pasar un tiempo mientras sanaba de todo el odio y la maldad que había creado. Fui despertado suavemente para que me fuera acostumbrando a la Luz, ya que había permanecido mucho tiempo en las tinieblas. Me encontraba en un lugar paradisíaco y de una belleza indescriptible, se podría decir que era el cielo, pero en realidad es el lugar a donde van los seres desencarnados o que están próximos a encarnar. Démira estaba a mi lado y la veía más bella que nunca. Su Aura era radiante y luminosa y sentí que me abrazaba en su bella luz. Estaba en esa paz y quietud cuando entraron unos seres radiantes. Eran Señores del Destino, que venían a sopesar conmigo mi situación.

En un principio creí que regresaría nuevamente al reino angélico a donde pertenecía, sin embargo, no iba a ser así. El más radiante de ellos me habló y me dijo:

–Sahlati-El, soy Varu-El, seré tu guía en tu nueva etapa como humano.

–¡¿Cómo?!, ¿no regreso con Démira al reino angélico?

–No, mi buen amigo, contigo se ha creado una situación muy particular, no puedes regresar con los demonios ni tampoco puedes entrar al reino angélico, estás como en el limbo. Pero las Altas Jerarquías han decidido darte la oportunidad de redimirte con la humanidad a la que tanto daño hiciste, encarnando como uno de ellos.

–Eso significa que perderé todos mis poderes y tendré que comenzar desde lo más bajo y primitivo. Bueno, si esa es la única manera en que podré regresar al reino angélico, lo acepto.

–Sahlati-El, no es tan terrible como pudieras pensarlo, vas a recibir uno de los regalos más preciados que existen en el universo. Al convertirte en hombre adquirirás un alma y serás inmortal. Recuerda que nosotros, como ángeles, podemos vivir toda la eternidad, siempre y cuando no nos exterminen, mientras que los humanos tienen ese don preciado de morir y volver a nacer cuantas veces sea necesario para alcanzar la perfección Divina.

–En eso tienes razón, Varu-El, muchas veces envidié a los humanos por tener alma y quise ser como ellos. Ahora que me dan la oportunidad debo aprovecharla.

–Tu condición será muy especial, Sahlati-El, encarnando como humano serás el primer ser que ha vivido las tres diferentes condiciones de consciencia, como ángel, como demonio y ahora, como humano. No sabemos qué pasará contigo en el futuro y con los otros que, como tú, decidan salir de los avernos, pues tendrán que pasar por el reino humano para redimirse. Eso sólo lo sabe el Gran Absoluto. Ya hemos dispuesto en dónde encarnarás y quiénes serán tus seres allegados. Entre ellos está un alma muy especial que, cuando se enteró que encarnarías como humano, aceptó estar a tu lado. ¿Sabes de quien hablo?

–No, en este momento no tengo a alguien en mente.

–Virdana, la mujer que te enseñó el amor por primera vez.

–Sí, claro que me acuerdo de mi bella Virdana. Por ella, fui traicionado por mis guardias y confinado a los infiernos astrales para no volver a tomar cuerpo humano. La he seguido amando, aun cuando no pueda estrecharla entre mis brazos. ¿Será mi compañera nuevamente?

–No, será tu hermana. Te va a ayudar mucho para que te adaptes a tu nueva condición humana, pues no será nada fácil para ti. Vivirás con fuertes pasiones y tus emociones aflorarán vida tras vida. Será tu trabajo dominar ese lado obscuro y malvado. Nunca bajes la guardia, ni siquiera cuando te sientas muy confiado de tu "bondad", porque tu personalidad demoniaca te estará acechando siempre.

–Trataré de no olvidarlo.

–Bien, pues ya está todo dispuesto para que tomes un cuerpo humano que ha sido diseñado por nosotros, de acuerdo a tus características. Entrarás en un sueño profundo y ya no te volverás a acordar de nada de esto, hasta que tu Maestro se te presente y te guíe. Yo siempre te estaré acompañando junto con mis otros tres hermanos del Destino, no nos verás hasta miles de años más adelante, cuando trabajaremos juntos, muy estrechamente. Ahora procederemos a dormirte.

Hubo un Concilio Cósmico donde se reunieron los altos dirigentes de la Jerarquía Universal para deliberar acerca de mi destino. Era la primera vez que se presentaba un caso así, todos sabían quién había sido y el rango que había adquirido dentro de los rebeldes, por eso llamaba mucho la atención mi condición, pues encendía nuevamente una llama de esperanza entre las altas Jerarquías Espirituales, que deseaban más que nadie el que todos los ángeles caídos volvieran a la senda de la rectitud y el amor.

Sin embargo, era imposible que retornase al reino angélico, debido a los crímenes cometidos como ángel caído. Al tener libre albedrío había generado actos que debían ser redimidos. Dos Consejeros sugirieron que me dieran la oportunidad de encarnar como humano y así poder pagar todo el daño que había hecho. Después de muchas deliberaciones se aceptó la propuesta de estos grandes seres. Ellos son mis amados Maestros Altaír y Surya.

Gracias a la intervención de estos maravillosos seres fue que tuve la oportunidad de encarnar en el reino humano por primera vez. El planeta seleccionado fue Eulyon, siendo acompañado por Mayanni para ayudarme a equilibrar mi alma. Perdí todos los poderes que había desarrollado como ángel y como demonio, pero gané algo que vale mucho más que todos los poderes juntos. Gané un alma inmortal.

La humanidad es totalmente inconsciente a este hecho, ya que desde el momento en que se individualizan obtienen un alma inmortal. Para ellos es algo *per se*, y jamás se detienen a pensar sobre ese valioso regalo que les ha dado el Creador. Lo que para ellos es normal, para los ángeles y los demonios, representa toda una lucha y una conquista de proporciones épicas. Regresamos a nuestros cuerpos que estaban dormidos en la habitación del Maestro. Al siguiente día, fuimos despertados por unas eulyonitas que nos traían jugo fresco. El Maestro se había levantado una hora antes. Nos bañamos y alistamos para reunirnos con él y los demás eulyonitas. Ese día no veríamos los archivos Akhasikos en el templo, sino que iríamos a un lugar lejano donde había unas cascadas que ocultaban, detrás de sus cortinas de agua, entradas secretas a las ciudades subterráneas de los saurios.

–¿Cómo, Maestro, hay saurios viviendo actualmente en Eulyon?

–Así es, pero ya no atacan a los habitantes de la superficie. Existe un acuerdo de no agresión entre ellos y los eulyonitas. Es precisamente donde están los saurios que terminarán de conocer su historia y la de Eulyon. Viajarán en estos vehículos aero-terrestres, que los transportarán rápidamente a las Cascadas Verdes.

Eran una especie de motos para tres pasajeros, sin ruedas, que flotaban a unos treinta centímetros del suelo y podían elevarse por encima de las copas de los árboles cuando estaban en movimiento. Mayanni y yo nos montamos en una, junto con el piloto de la aero-moto. El Maestro nos dijo que nos encontraríamos en nuestro destino, pues él no necesitaba de este medio para transportarse. Se adelantaba para preparar nuestro recibimiento con los saurios de Eulyon. Partimos junto con doscientos eulyonitas del templo.

25
Bajo las Cascadas Verdes

Después de un viaje de varias horas, a velocidades superiores a las de un avión comercial, llegamos a las misteriosas Cascadas Verdes, las cuáles debían su nombre a que el agua del río que las alimentaba, que era azul celeste, se volvía verde cuando caía por las cascadas. Éste fenómeno se producía porque las rocas que estaban antes de la cortina de agua, eran de un color verde intenso, casi fosforescente, que era producido por un hongo muy particular que solo se desarrollaba en ese sitio. Se decía que ese hongo había sido traído por los saurios para recordarles sus planetas de origen, que tenían este color intenso en sus bosques y montañas.

Aparentemente no había forma de traspasar la cortina de agua, ya que su torrente era muy caudaloso, la altura de la cascada superaba los dos mil metros de altura y era tan ancha como tres canchas de fútbol, en la Tierra. Había otros saltos de agua menos imponentes. A su alrededor había una espesa selva, con árboles gigantescos y por ninguna parte se veían trazas de civilización. Los eulyonitas jamás iban a las cascadas. Recordemos que Eulyon es un planeta dos veces más grande que Júpiter, luego hay muchísimos lugares naturales que están prácticamente inexplorados, dada la poca densidad de habitantes. Estas cascadas estaban completamente aisladas y la ciudad o asentamiento eulyonita más cercano se encontraba a varias semanas por tierra.

Contemplábamos extasiados la caída de agua, cuando de repente, la cortina se empezó a partir en dos, apartando el agua del centro de la pared de piedra donde, a su vez, las rocas se abrieron, dejándonos ver una enorme puerta amarilla que tenía grabada la cabeza de un dragón alado, en color rojo – me hizo recordar a la China, en la Tierra, donde se pueden ver estos colores y dragones grabados en muchas puertas y paredes de templos y palacios–.

La puerta también se abrió, y en el quicio, estaba el Maestro Altaír junto con un saurio de casi tres metros de alto. Debo admitir que por un momento me sobresalté ya que, aunque en el pasado remoto había tenido relación con ellos, en esta vida jamás había visto uno. El Maestro nos hizo una seña para que entráramos con las motos voladoras. Circulamos por un túnel gigantesco en el que perfectamente cabría un avión Jumbo. Al descender de las motos, pude notar cierta aprehensión en el grupo, pues en realidad era la primera vez que los eulyonitas pisaban ese lugar. Habían oído hablar de esa ciudad subterránea, pero nunca la habían visitado ni tampoco conocían a los saurios, pues éstos nunca suben a la superficie. Solamente salen del planeta en sus naves interestelares. Se trataba pues de una ocasión muy especial, en que una gran comitiva de eulyonitas visitaba la Gran Ciudad Sauria de Eulyon, por primera vez en muchísimo tiempo.

Uno de los eulyonitas, caminaba a mi lado, me dijo:

–El gobierno de Eulyon no permite la interrelación entre saurios y eulyonitas, de hecho, es casi un acto prohibido, pero como somos proscritos del sistema, por ser diferentes y atrevernos a amar, entonces no les importamos. Creo que no saben que estamos aquí.

Eso me puso algo inquieto, pues estábamos solos. Nadie en Eulyon sabía de nuestra ubicación. Me acerqué al Maestro, quien percibió mi inquietud y telepáticamente me tranquilizó. Me dijo que yo era el que menos debía temer y pronto sabría el porqué.

Confiaba plenamente en el Maestro, sabía que él era un ser de Luz y por lo tanto nadie le podía hacer daño, ni tampoco permitiría que nos lo hicieran a los demás, así que me tranquilicé.

Continuamos caminando por ese gigantesco túnel y, a unos doscientos metros, se veía una luz verdosa, algo intensa, que no molestaba a los ojos. Mayanni me había tomado de la mano, caminábamos al costado del Maestro, mi corazón latía más rápido pues era innegable que sentía un profundo amor por ella. Estaba en esos pensamientos, cuando sentí que Mayanni me daba un suave apretón con su mano. Supe que había percibido mis sentimientos y me confirmaba que ella también me amaba. Una fuerte energía surgió de mi corazón, el Maestro lo notó, me miró y solamente sonrió.

Finalmente llegamos a la boca del túnel, pudimos apreciar una bóveda gigantesca de más de veinte kilómetros de diámetro, totalmente iluminada. Pero lo que nos impresionó fue que se podían ver, en el fondo, como a unos diez mil metros hacia abajo, las cúpulas de cristal de una gigantesca ciudad subterránea. Si la ciudad que conocí en la Tierra me pareció enorme, esta parecía cinco veces más grande e imponente.

De repente, apareció ante nosotros una nave suspendida en la boca del túnel. Era de forma oval, mediría unos cien metros de largo y era de un color verde oliváceo. Se abrió una compuerta y un rayo descendió hasta donde estábamos. Inmediatamente fuimos transportados al interior. Para nuestra sorpresa, no vimos saurios adentro, sino hombres y mujeres muy altos, de casi tres metros de estatura, que nos recibieron amablemente. Yo estaba confundido: si se suponía que estábamos en una ciudad sauria lo lógico era que sus tripulantes fueran como el saurio que estaba a la entrada del túnel. Una mujer muy hermosa, de cabello castaño claro, se acercó al Maestro Altaír y le hizo una reverencia, luego se acercó a dónde estábamos Mayanni y yo y, de igual forma, se inclinó. Por reflejo le respondimos de la misma manera.

–Es un verdadero honor para mí el conocerlos. Soy Blatta, Regidora Suprema de esta ciudad. Les doy la bienvenida, en especial a ustedes dos, Rhodel y Mazhara, aunque supongo que sus nombres han cambiado después de tantos millones de años.

–Mi sabia Blatta, ellos aún desconocen ese pasado, precisamente están aquí para conocer su heroica historia, junto con estos doscientos eulyonitas que fueron parte de su gesta, en aquel lejano tiempo.

–Maestro Altaír, haremos todo lo que esté a nuestro alcance para que así sea. Ahora, vamos a descender hasta la ciudad, pues allí son esperados con mucha expectación por el resto de nuestros conciudadanos.

Yo me encontraba aún más confundido, el Maestro lo percibió, se acercó y me dijo.

–Esperabas ver saurios dentro de esta nave, ¿verdad?

–Así es, Maestro, pero me encuentro con humanos igual que usted o yo.

–Ellos son saurios, solo que tienen la capacidad de mimetizarse y tomar la apariencia humana. Lo hacen para generar más confianza y tranquilidad a quienes los ven por primera vez, pero pronto los verás en su estado natural.

–¿Es seguro, Maestro?

–Tranquilo, hijo, ellos no son saurios obscuros, así que no atacan a los humanos, al contrario, ellos buscan terminar con las prácticas guerreras e invasoras por parte de los saurios obscuros.

Me tranquilicé totalmente y, espontáneamente, abracé a Mayanni y le di un beso en la mejilla. Noté que se enverdeció, que sería la forma de decir que se ruborizó. El maestro se rio y meneo la cabeza, diciendo: este Javier no cambia. Mayanni también se rio, se dio vuelta y me respondió el beso, pero ella fue más atrevida y me lo dio en los labios. Ahora el sonrojado era yo.

La nave había descendido rápidamente más de diez mil metros, sin embargo, la claridad era impresionante, pues no daba la sensación de estar bajo tierra. La ciudad era gigantesca, no se podía ver donde terminaba. Los edificios eran altísimos y las puertas muy grandes, debido al tamaño de los saurios. Cuando bajamos de la nave, pudimos apreciar a los saurios en su verdadera apariencia. Eran altos y había dos tipos bien diferenciados. Los primeros se parecían más a un Tiranosaurio Rex, de estatura mucho más elevada –casi los seis metros–, no nada agradables a la vista. Según tengo entendido, estos son de una familia de saurios llamados dracos, provenientes de la estrella Alpha Draconis, en la Constelación del Dragón. Se consideran la realeza dentro de las razas saurias. Los que se encontraban en Eulyon, eran disidentes, ya que no estaban de acuerdo con la conquista y exterminio de las demás razas del universo. Su color de piel era verde obscuro con escamas de matices entre rojizo y verde esmeralda. En verdad parecían T-Rex pensantes, salvo porque sus brazos eran más largos, tenían dedo pulgar prensil en las manos, poseían garras en lugar de uñas y sus ojos iban desde el rojo, pasando por el verde claro hasta el amarillo y su pupila era vertical, igual a las de los reptiles terrestres. Algunos poseían alas y cola y no usaban ropa en la ciudad, ya que está climatizada y no la requieren. Las hembras saurias eran más importantes que los machos, y eran las que gobernaban, por regla general.

La segunda especie era más baja, entre los dos cincuenta y los tres ochenta de estatura, su forma corporal era más parecida a la humana, aunque poseían escamas en su piel, su color variaba desde el blanco hasta el verde, pasando por el gris azuloso y el rosa; su cabeza tendía más a parecer humana que reptil, a diferencia de los dracos.

La regente de la ciudad pertenecía a estos últimos. Cuando se nos presentó tal y como era, vimos que su piel era de color blanco, parecía albina, pero sus ojos eran de color azul, algo muy poco común entre estas razas.

Nos encontrábamos en una gran explanada, donde había miles de saurios alrededor nuestro, que nos miraban con la misma curiosidad que nosotros a ellos. Muchos jamás habían salido de su ciudad y era la primera vez que veían humanos de verdad. Les llamaba mucho la atención el color de piel de Mayanni, ya que era muy parecido al de algunos de ellos, de hecho algunos se acercaban un tanto tímidamente para tocarla. Mayanni, con sus escasos uno sesenta y ocho de estatura, y yo, con apenas un metro con setenta y cinco, éramos los más bajitos de aquel galimatías de razas reunidas. Un saurio se nos acercó, nos entregó una especie de audífono y un broche para que nos los pusiéramos. Intuí que era un sistema de traductor idiomático.

Blatta se subió en un estrado que se elevaba a unos siete metros de altura, donde todos la podían ver y dijo en el idioma de los saurios:

- Familia Ranakis de Eulyon –luego me explicarían que los saurios se distinguen por familias de sangre, cuyos linajes son muy antiguos que se traspasan por línea materna, de ahí que las hembras sean las que dominan y controlan las sociedades saurias–, hoy es un día muy importante para nuestra sociedad, pues tenemos el privilegio de tener en nuestra ciudad a ilustres visitantes que vienen a develar su pasado, que está unido al nuestro por luchas comunes que finalmente nos llevaron a conseguir la anhelada paz. Muchos de ustedes han oído hablar de los legendarios Rhodel y Mazhara, que lucharon contra la opresión de los dracos en todo el sistema de Valmoran y otros planetas más allá de este sistema estelar. Pues bien, ¡helos aquí!

Un fuerte estruendo se escuchó, que interpreté era de alegría, porque los saurios no aplauden, ya que no tienen palmas en sus manos. La alegría la demuestran con ese grito extraño y gutural. Para ese momento me sentía intrigado por saber acerca de ese lejano pasado que tanto nos había ligado a las dos razas. Luego, Blatta presentó al Maestro Altaír, y todos hicieron una reverencia de respeto, pues sabían que era un ser muy evolucionado, con un grado de consciencia casi divina, pues ya es un ser cuya actividad va más allá de estos planos físicos. Acto seguido fuimos conducidos a un auditorio gigantesco donde, en una especie de pantalla 3D, se mostrarían los Archivos Akhasikos de esa lejana época. Blatta nos hizo la señal para que nos sentáramos Mayanni y yo a su lado izquierdo, y el Maestro Altaír a su lado derecho. Fue el Maestro quien pronunció un Mantra, en un idioma extraño, e inmediatamente comenzó a reproducirse una película de ese remoto pasado.

26
Las invasiones al sistema estelar de Valmoran

–¿A dónde vamos, Maestro?

–Al planeta Naran, en Arinus –estrella que en la Tierra se conoce como Albireo, en la constelación del Cisne–, que tiene características similares a Eulyon. En él reside una raza felina de feroces combatientes que luchan contra las invasiones de los saurios dracos.

Recordemos que terminé mi entrenamiento en Talestra, planeta que se encuentra en la constelación del Escorpión, y el Maestro Altaír me estaba esperando.

Nos dirigimos al asediado planeta donde los naranitas, luchaban por su libertad. Se batían como leones y puedo decir que literalmente eso eran, leones humanos, de una imponente belleza. Superaban los dos metros ochenta de estatura, eran muy fuertes pero a la vez muy ágiles; las hembras eran unas hermosas felinas estilizadas, de facciones bellas dentro de su especie, cubiertas por un fino vello dorado. Sus extremidades eran humanas, con excepción de los pies y las manos que terminaban en dedos con garras retráctiles, igual que nuestros felinos en la Tierra.

En nuestra galaxia son pocos los planetas que cuentan con este tipo de humanidades felinas, en gran parte porque la gran mayoría fueron extintas por los saurios que las esclavizaron para su entretenimiento, ya que nunca las consideraron humanidades, sino gatos parlantes. Generalmente mataban a los machos y conservaban a las hembras como mascotas, quitándoles las garras y los colmillos, situación que al final las llevaba a la muerte, pues no podían destrozar la carne ni podían ingerirla correctamente. Finalmente, morían por indigestión aguda. Pero después de los insectoides, los felinos son los más perfectos guerreros dentro de las especies humanas. Son muy difíciles de vencer en la lucha cuerpo a cuerpo pues cuentan con formidables extremidades y, sus poderosos colmillos, son capaces de partir de un mordisco el hueso de un saurio y vaya que estos tienen los huesos más duros del universo.

En Naran, fuimos llevados ante el Comandante Supremo del ejercito naranita, su nombre era Heram de Ptenis, un enorme felino de tres metros de estatura y cuerpo hercúleo que, sin embargo, tenía una mirada bonachona y noble.

–Maestro Altaír, es todo un honor el tenerlo aquí. ¿A qué debemos su presencia?

–Mi noble y buen amigo Heram, traigo un discípulo para que se aliste en tus fuerzas y combata al lado suyo. Viene de un planeta de Lyra llamado Eulyon. Lo estoy preparando para cuando lo inevitable se presente en el sistema estelar de Valmoran. Ya ha sido entrenado por mi amigo Katsuno, en Talestra, y ha luchado contra los saurios en diversos planetas. Ahora quiero que aprenda las técnicas felinas de combate.

–¿Todavía no llega la peste a ese rincón del universo?

–Ya han llegado a algunos mundos de Lyra y han comenzado las guerras, pero aún no llegan al sistema de Valmoran. Pronto estarán allí. Los eulyonitas no saben luchar, creen que podrán negociar en paz, pero tú y yo sabemos que eso no sucederá, por eso, Radel es la esperanza para Eulyon.

–Vaya, mi buen Maestro, quieres un campeón en la lucha. Me parece interesante y con agrado lo acepto –y dirigiéndose a mí, el Maestros Heram preguntó–. ¿Ya te has enfrentado con los saurios antes?

–Así es, señor –respondí.

–Bien, estarás siempre a mi lado, ya que eres discípulo de Altaír. Quiero que te prepares muy bien, pues cuando lleguen los saurios a tu mundo, no tendrán piedad por nadie. Debes estar preparado para dirigir la lucha.

–Hijo, pronto volveré, pues a Eulyon le queda poco tiempo –dijo el Maestro Altaír.

–Le prometo que aprenderé lo mejor que pueda, Maestro.

–Sí, lo sé. En ti están puestas las esperanzas para evitar la extinción de los eulyonitas.

El Maestro Altaír se fue y comenzó mi entrenamiento con los felinos. A mi vez, yo les enseñaba técnicas de combate usadas por los insectoides, pues curiosamente entre estas dos especies no hay empatía de ninguna clase. No son enemigos pero tampoco amigos, solamente se unen cuando luchan contra los saurios.

Durante varios años, combatí al lado de los felinos. Los saurios me reconocían rápidamente pues ellos se manejaban mucho en el plano astral, para generar terror entre sus víctimas y al mirar mi aura sabían quién era yo. Me llamaban el Demonio de la Guerra. Yo pensaba que me llamaban así por mi fiereza al luchar. Se sorprendían de que yo combatiera al lado de los felinos, pero luego se daban cuenta de que ya no era un demonio, sino que me había convertido en humano.

Tuve la oportunidad de conocer varios mundos de razas felinoides. Uno en particular llamó mi atención, pues su raza era casi humana, habían perdido el pelaje y las garras retráctiles, y su cabeza era más humana que felina. Solamente los ojos y los rasgos del rostro eran de su especie. Les decían felimanos, pues estaban más emparentados con los humanos que con los felinos, sin embargo eran felinos y se comportaban como tales. Las hembras de otras razas se sentían fuertemente atraídas hacia los machos felimanos, pues eran muy varoniles. Las mujeres de esta especie son, sin duda, las más hermosas de todo el universo. Sus cuerpos perfectamente curvilíneos, muy agiles y sus rostros bellísimos, las hacen muy deseadas.

Un día llegó el Maestro Altaír. Venía por mí pues ya los saurios habían comenzado sus invasiones en Valmoran y, de los doce planetas del sistema, tres habían sido arrasados.

–Hijo, debemos partir de inmediato a Vega. Un contingente te está esperando para viajar a Eulyon, pues los saurios están cerca y sus gobernantes siguen renuentes a prepararse para la inevitable guerra.

Me despedí de Heram, agradeciéndole todas sus valiosas enseñanzas y me marché con el Maestro Altaír, hacia Vega. Los Lyranos habían formado un ejército para combatir a los saurios, pero su experiencia era muy poca, lo que les había causado bastantes bajas. Por eso me necesitaban: para poner todos mis conocimientos al servicio del ejercito lyrano.

Después de varios días de viaje, llegamos a Mikonak, un planeta del sistema estelar de Vega, donde se reunían las fuerzas militares de varios mundos que venían a colaborar en la defensa de Lyra, pues ya varios planetas habían sido destruidos por las hordas draconianas de los saurios. Fui nombrado comandante de la segunda flota estelar de Vega y enviado al sistema de Valmoran. Yo pensaba en Eulyon, en mi madre y en Mayanni. Quería sacarlas del planeta, pues sabíamos que los dracos se preparaban para invadirlo. Entrando al sistema, detectamos varias naves nodrizas saurias y procedimos a destruirlas. Contábamos con naves insectoides que eran de mejor tecnología, lo que nos daba una enorme ventaja. Los dracos alcanzaron a avisar al resto de sus naves y rápidamente descendieron sobre los planetas de Valmoran. Ellos sabían que en el combate aéreo llevaban las de perder, pero en tierra sería difícil vencerlos. Crearon sistemas de defensa anti-aéreos para retardar nuestro desembarco, hubo muchísimas bajas y prácticamente nos era imposible aterrizar, sin embargo, di la orden para que se capturaran varias naves saurias, en algún otro sistema, para poderlas usar como camuflaje al descender. Así se hizo y pronto habíamos podido desembarcar en varios planetas. Al principio tuvimos la ventaja que da la sorpresa y fue relativamente fácil arrebatarles algunos de sus puestos de control, dando oportunidad a que muchas de nuestras naves descendieran sin ser derribadas. La guerra fue encarnizada y violenta, no se dejaban enemigos vivos, ni de un bando ni del otro.

Finalmente, pude llegar a Eulyon. Busqué a mi madre con desesperación, pero la aldea donde ella vivía había sido arrasada por los dracos. Sabía que había sido asesinada. A Mayanni la encontré justo en el momento en que era atacada la ciudad donde había sido reubicada, junto con la mayoría de la población de Eulyon, por orden del gobierno, para defenderse del asedio de los dracos. La lucha era cuerpo a cuerpo, pues tanto un bando como el otro había desarrollado tecnología que permitía bloquear cualquier rayo o munición que se usara, luego solo quedaba la lucha con espadas o sables, pues éstas podían atravesar los campos de energía protectores que se tenían alrededor del cuerpo, tanto de los saurios como de los humanos.

Es algo bien significativo, y debo decirlo, que el arma por excelencia en cualquier lugar del vasto universo, es la espada. Sea en un planeta primitivo o muy evolucionado. Entiendo que se debe a que este universo está custodiado por el Arcángel Miguel, cuyo patrón electrónico es precisamente la espada.

El día que encontré a Mayanni, había sido capturada por los dracos. Se enteraron que era mi hermana y, usando esa ventaja, me enviaron un mensaje donde me decían que si la quería ver viva, debía rendirme ante el Zor Draco –Zor, es el nombre que le dan los saurios a sus comandantes de batallones–. Era una decisión muy dura, pues rendirme significaba dejar acéfala la flota estelar. Por otro lado, Mayanni era el ser que yo más amaba en el universo y no podía permitir que la asesinaran sin hacer nada. Conociendo la naturaleza de los dracos, sabía que aunque me rindiera, la matarían junto a todos los demás. No sabía qué hacer e invoqué al Maestro Altaír para que me orientara. Él se presentó en su cuerpo mental y me dijo que no podía interferir en mi destino, que me guiara por mi corazón. Sabía que nuestras oportunidades de ganar eran mínimas, puesto que en esos momentos los dracos recibían refuerzos gigantescos de contingentes que venían de la constelación del dragón. Nos superaban en número por cien a uno. La nuestra, se convirtió en una misión suicida. Conscientes de ello, decidimos luchar hasta el final, provocando la mayor cantidad de bajas a nuestros enemigos. Con un grupo de veganos e insectoides logramos llegar hasta donde se encontraba el zor de los dracos quien, al verme, tomo a Mayanni en sus poderosos brazos y, sin titubear, le sacó el corazón. Los ojos de Mayanni buscaron los míos y expiró. Mi ira fue verdaderamente demoníaca y me abalancé sobre los guardias que protegían al zor, partiéndolos en dos con mi espada, con una fuerza descomunal, a pesar de que eran muchísimo más altos que yo. Mi odio me había transformado, literalmente, en el Demonio de la Guerra. El Zor Draco, se defendía con vigor y me hirió en una pierna, pero logré cortarle la cabeza con la espada. Caí de rodillas ante el cuerpo de Mayanni. Lo abrazaba contra mi pecho, mi dolor era muy grande, lloraba desconsoladamente acariciando sus cabellos. La llevé a la nave para que fuera cremada. Sólo me quedé con un medallón que tenía colgado en su cuello, me lo puse y juré que no dejaría de luchar contra los saurios, hasta que el último fuera exterminado.

Las naves draconianas provenientes de la constelación del dragón ya hacían su arribo a Valmoran. A pesar de que poseíamos mejor tecnología que ellos, nos superaban grandemente en número y finalmente fuimos vencidos. Me tomaron prisionero y me llevaron ante el Gran Zor Draco, quien ordenó que fuera descuartizado vivo y luego fuera devorado. Así llegó mi fin, en esa primera encarnación como humano.

Las guerras de Lyra continuaron por varios millones de años, vendrían más encarnaciones donde mi objetivo sería siempre luchar contra la opresión y la tiranía de los dracos. En cada oportunidad fui asesinado o muerto en combate. Debo decir que encarné como mujer en muchas de esas vidas y, de igual forma, fui una feroz combatiente. Hasta que llegó la encarnación donde la lucha tendría un giro inesperado.

27
Rhodel y Mazhara: la prueba de valor

–Tenemos que internarnos más profundamente en la selva, pues los saurios ya están cerca de la aldea. Vamos, Brina, no tenemos tiempo que perder, lleva solamente comida y unas cuantas mudas de ropa. Rhodel se encargará de llevar a su hermanita sentada en sus piernas, cuando utilicemos el transporte.

Mi padre me acarició la cabeza, con orgullo. Yo tenía catorce años de edad. Huíamos ante la llegada inminente de los saurios a nuestra pequeña aldea, que era una de las más alejadas de la Gran Ciudad Capital de nuestro estado. La mayoría de las grandes ciudades de Eulyon ya habían sido tomadas por los saurios y sus ciudadanos hechos esclavos o convertidos en alimento para esta raza depredadora. Ahora, iban invadiendo ciudades pequeñas y aldeas que encontraban a su paso. Nuestra única ventaja era la enormidad del planeta. Sus bastas selvas y montañas, muchas de ellas inexploradas aún, llenas de animales extraños y peligrosos. Pero era menos peligroso internarse en estas inhóspitas regiones que caer en manos de los saurios, raza despiadada y carente de sentimientos bondadosos, cuyo único objetivo era saquear los planetas y destruir a las humanidades que fueran diferentes a ellos.

La mayoría de los planetas que formaban parte de Valmoran ya habían sido saqueados y sus humanidades prácticamente exterminadas. Algunos pudieron escaparon al sistema estelar de Vega, donde los saurios habían sido derrotados y expulsados. Precisamente de Vega provenían los ejércitos que combatían a los saurios en los diferentes mundos de Lyra. Durante varios millones de años se venía librando esta guerra sin cuartel. Los saurios, en un principio, creyeron que iba a ser muy fácil doblegar a los lyranos, pues originalmente eran humanidades pacíficas y carentes del conocimiento de la guerra, sin embargo, humanidades de otras galaxias y constelaciones acudieron al llamado de las Jerarquías Espirituales para protegerlos, pues eran la simiente de todas las razas en este Universo Manifiesto. Durante todo ese lapso, en que la guerra era la constante, yo había encarnado muchas veces y combatido a muerte a los saurios, por eso no era de extrañar que el patrón arquetípico de mi cuerpo, en aquellas vidas, fuera siempre sobresaliente con respecto al promedio de los lyranos. Desde pequeño mostraba dotes y habilidades como guerrero. Presentaba además, la marca distintiva que era una mancha en mi espalda, a la altura de las vértebras dorsales, en forma de *V* invertida. Hoy tengo conmigo esa marca. Según mi Maestro Altaír, es el recordatorio simbólico de quien soy y quien fui, como ángel y demonio. Los Artahores buscan esa marca entre los niños de doce años en adelante, pues no aparece de nacimiento, sino que se comienza a manifestar a partir de la adolescencia. Los Artahores son sacerdotes guerreros, que tienen poderes psíquicos muy desarrollados. Son entrenados en la estrella Nekkar, que se encuentra en la constelación que en la Tierra se llama el Boyero. Las humanidades de esta constelación son de las más avanzadas, espiritualmente, en el universo. Su estrella principal es Arcturus, donde reside la humanidad con más alto grado de desarrollo en todo el universo, su tecnología es la más avanzada y va a la par con su espiritualidad. Se dice que los Arcturianos lograron elevar a una consciencia más espiritual, a varias razas saurias, algo que durante miles de millones de años había sido imposible. Los Artahores son entrenados con el propósito de ayudar en los diferentes ejércitos que combaten a los saurios. Con sus poderes son capaces de bloquear las fuertes ondas astrales de terror que manejan los Saurios para dominar a las humanidades, desde el Plano Astral. Sin embargo, parte de su trabajo es encontrar las almas que han sido entrenadas, vida tras vida, en el arte de la guerra, con el objeto de despertar todas sus habilidades y así ahorrar tiempo de entrenamiento. Durante todas mis vidas en Eulyon, fui buscado por estos Artahores pues sabían que poseía conocimientos invaluables en la lucha contra los saurios, y que trabajaría como líder o como comandante de batallones.

Mi padre había tomado la decisión de que nos marcháramos a Lumtre, una cadena montañosa muy lejana, donde se decía secretamente entre los eulyonitas, que había exiliados de diferentes ciudades y aldeas. Teníamos un medio de transporte, que era una especie de auto gusano levitador, que se alimentaba con energía solar. Su forma era alargada y angosta para poder moverse y maniobrar, como un gusano, entre los árboles. Solamente tenía capacidad para tres ocupantes, pero como éramos cuatro, yo tenía que cargar a mi hermanita en las piernas. Sería un largo viaje de varias semanas, ya que nos moveríamos casi a ras del suelo, para no ser vistos por las naves saurias desde el cielo.

Después de muchos días recorriendo selvas, atravesando ríos, pasando por montañas y valles, finalmente llegamos a la cadena montañosa de Lumtre, pero no sería fácil encontrar la entrada al interior de las montañas. Bien podríamos pasar toda la vida buscando y jamás entrar en ellas. Necesitábamos un golpe de suerte o que ocurriera un milagro y así sucedió. Después de más de tres días de búsqueda por las faldas de las montañas, divisamos a lo lejos un destello de luz muy fuerte que solo duró unos tres segundos y se apagó. Mi padre condujo el vehículo hasta el lugar de donde había venido el destello. Al llegar no encontramos más que rocas y un pequeño vallecillo con árboles muy altos. Mi padre nos dijo que bajáramos del vehículo y montáramos un campamento, pues estaba seguro que detrás de esas rocas había una entrada y que sólo era cuestión de tiempo para que se abriera. Allí estuvimos por tres días seguidos, mi padre se sentía desanimado, la comida se nos estaba terminando y mi madre se empezaba a desesperar, pues mi hermanita Shala, estaba enfermándose. Su cuerpecito se estaba hinchando, al parecer picada por algún insecto, y su veneno la estaba afectando. Decidí buscar una entrada y comencé a ascender por la pendiente, pero sin darme cuenta me fui alejando más de lo debido. Cuando llegue a una cresta que sobresalía a media montaña, vi un camino que descendía hacia un valle que se encontraba entre esa cresta y otra montaña más alejada. Era tarde, pronto oscurecería y no sabía si devolverme o seguir. Me dije a mí mismo, que si quería salvar a Shala debía continuar y encontrar ayuda lo más pronto posible. Llegó la noche y el cansancio se fue apoderando de mi cuerpo. Calculo que habría caminado unas cinco horas, me había perdido y no sabía si podría encontrar el camino de regreso. Trepé a un árbol con ramas gruesas para dormir en lo alto y así evitar el ataque de animales depredadores que me pudieran sorprender dormido. En Eulyon no hay serpientes ni alacranes, pero sí hay fieras parecidas a los felinos de la Tierra y otros tipos de insectos que son ponzoñosos. Me quedé dormido no sé cuántas horas, hasta que me despertó un gruñido aterrador parecido al de un tigre terrestre. Al mirar hacia abajo, vi un mostolo, una especie de león sin melena, con una cabeza enorme, cuyo peso, no le permitía trepar a los árboles. Tenía unas garras inmensas, capaces de partir a un hombre en dos como si fuera mantequilla. Me acechaba, esperando a que bajara del árbol. Estaba atrapado, nadie podría ayudarme y muy posiblemente moriría de inanición en ese árbol. La única arma con que mi familia contaba, era un rayo paralizador que dejaba al atacante sin control de su sistema nervioso central por una hora, pero la tenía mi padre. Yo me había alejado sin ningún tipo de protección, salvo una drenka, que era una especie de daga de unos veinte centímetros de largo, que en lugar de tener una hoja metálica, era de un cristal rosáceo, cien veces más duro que un diamante y que jamás perdía su filo ni se rompía. Con ella podías cortar cualquier cosa, desde carne hasta madera, e inclusive rocas pequeñas. Me la había regalado mi padre un año atrás.

Mis provisiones prácticamente se habían agotado y, aun cuando los alimentos en Eulyon están procesados balanceadamente para proveerte todos los nutrientes que requieres y proporcionarte la energía necesaria, sabía que terminándose mi última porción podría mantenerme fuerte y vital por dos días más, a partir del tercero, comenzaría a debilitarme y a los quince días estaría muerto. Decidí esperar hasta que se agotara mi última porción, dos días después. Mientras tanto, ponía la hoja de la drenka al sol durante el día, con la esperanza que alguien viera los destellos. Trepé lo más alto que pude en el árbol, con la esperanza de divisar algo o a alguien. Pronto, mis esperanzas se desvanecieron. Comencé a tejer en mi mente el modo de enfrentarme al mostolo, pues pensaba que, si iba a morir, prefería que fuese luchando. Busque una rama larga y recta en el árbol, la corte y empecé a fabricar una rudimentaria lanza. Amarré firmemente la drenka en la punta y esperé a que el mostolo se durmiera para caer encima de él y atravesarlo con la lanza. No sabía exactamente dónde estaba su corazón y no podía arriesgarme a herirlo nada más, pues se levantaría y me destrozaría, así que decidí caer sobre su cuello y atravesar su enorme cabeza, destruyendo su cerebro. Estaba muy nervioso, el animal se había dormido justo al lado del tronco, era un salto desde unos cinco metros de altura. Tendría que dar el golpe firme y certero para que la drenka penetrara el duro hueso del mostolo. En un momento recordé a mi hermanita Shala y su imagen me llenó de valor. Salté sobre el enorme animal y penetré con la drenka su colosal cabeza, la bestia emitió un escalofriante aullido, se levantó como un resorte y me lanzó unos cuantos metros lejos de él. La drenka había salido por debajo de su hocico, atravesando completamente su cabeza. Me levanté rápidamente buscando un árbol al que pudiera trepar y así evitar el zarpazo mortal. El mostolo se tambaleaba pero aún estaba vivo y podría matarme si me ponía a su alcance. Corrí hacia un árbol que se encontraba como a unos setenta metros de distancia, sentía que el animal venía detrás de mí y sabía que yo no alcanzaría a llegar al árbol. Alcancé a ver, de reojo, cuando el animal se preparaba para dar un salto largo para atraparme. Instintivamente me tiré al suelo y el mostolo, de cinco metros, pasó por encima de mí. Al caer, la drenka golpeó el piso y la rama se partió, la fiera repitió su aullido desgarrador, sangraba profusamente. Se desplomó y rodó por la inercia del salto unos cuantos metros, lo que me dio tiempo de recuperar la drenka. De repente, una extraña fuerza surgió dentro de mí y, sin pensarlo, me abalancé sobre el mostolo herido, le hundí la drenka en el costado, el animal gruñó y alcanzó a herir el muslo de mi pierna izquierda con una de sus garras de la pata trasera. Sentí como una navaja que rompía mis músculos femorales. Una vez más le hundí la drenka en el vientre y la fiera murió. Me levanté tambaleante, di unos pasos y me desplomé, la herida en el muslo era profunda y me estaba desangrando rápidamente. Pensé que ese era mi fin, perdí el conocimiento y no supe más.

28
Todo por Eulyon

–Dos días estuviste inconsciente. Casi no sobrevives.

Fueron las primeras palabras que me dijeron cuando desperté. Estaba completamente confundido. No sabía dónde estaba ni quiénes eran esas personas.

–Hola, Rhodel, soy el comandante Yastor de Karinae – la constelación Karinae– y te encuentras a bordo de mi nave. Llegamos justo a tiempo para salvarte. Estamos muy impresionados por lo que hiciste, no muchos se enfrentan a un mostolo y viven para contarlo. En tu drenka hay una micro-cámara y un receptor de posicionamiento –GPS–, que nos permitía conocer tu ubicación y saber lo que estabas haciendo. Desde que eras muy pequeño sabíamos de tu existencia, los Artahores ya habían confirmado tu identidad desde hace un año, pues la marca de tu espalda ya se había definido. Le obsequiaron a tu padre la drenka para que tú la portaras siempre.

–Mi familia, ¿dónde está mi familia?

–No te apures, en un rato estarán aquí, contigo. Tu hermanita Shala está fuera de peligro. Los recogimos cuando fuimos por ti.

–¿Por qué me vigilaban a mí?

–No te vigilábamos, te rastreábamos, porque hay algo muy importante que debes hacer por tu planeta. Dentro de poco sabrás todo sobre ti. Ahora descansa.

Pronto me recuperé. Mi familia estaba en perfectas condiciones. En la nave se encontraban dos sacerdotes guerreros o Artahores. Fui llevado a su presencia. Ellos me inspeccionaron y verificaron la mancha en mi espalda, en forma de *V* invertida. Asintieron con sus cabezas, me pidieron que me sentara en una silla que tenía en la parte de atrás un casco, de un material como goma, muy brillante, del que sobresalían unas pequeñas antenas. No había cables de ningún tipo en la nave. Uno de los Artahores me dijo que me relajara y cerrara los ojos, pues iba a ser sometido a una estimulación electro neuronal para recuperar mis habilidades castrenses. Poco a poco vería aspectos de mi pasado, concernientes a la instrucción militar que tenía grabada en mis memorias internas. Me dijeron que después de este proceso, en el lapso de dos semanas, mi cuerpo cambiaría completamente, que no me asustara, ya que este mismo procedimiento lo había experimentado muchas veces en vidas anteriores. Yo accedí y así recuperé nuevamente todos los conocimientos marciales. Mi cuerpo se transformó en el del guerrero que siempre había sido.

–Bien, Rhodel, ya estás listo para asumir tu puesto dentro de nuestras filas –dijo el comandante Yastor–. Debo decirte que, durante tu transición entre tu vida anterior y esta vida, han pasado muchas cosas en nuestra guerra contra los saurios. Los hemos podido echar de la mayoría de los planetas de Valmoran, pero faltan Eulyon y Xantes, por ser liberados. El más complejo es Eulyon dado su descomunal tamaño. Allí la lucha es en la superficie y en el subsuelo, ya que los saurios han construido muchas bases subterráneas. El Consejo

Intergaláctico te ha nombrado comandante supremo de las fuerzas de infantería y artillería de Eulyon. Tu misión será la de coordinar la operación rastrillo, que peinará el planeta buscando las bases de apoyo de los saurios, para cortar sus suministros y los apoyos que reciben sus tropas en el frente de batalla. Contarás con legiones de insectoides y felinoides. A muchos los conoces de otras vidas y ellos a ti. Todos confiamos en tu vasta experiencia de más de dos millones de años de lucha ininterrumpida. Llévanos a la victoria, nosotros te estaremos apoyando desde el aire.

–Así lo haré, comandante Yastor. Daré hasta la última gota de sangre por Eulyon. Me despedí de mis padres y partí inmediatamente para el Comando Central, que coordinaba la guerra en Eulyon.

Comencé mi tarea. Poco a poco íbamos ganando terreno a los saurios, los combates eran, prácticamente, cuerpo a cuerpo dentro de las bases subterráneas, había bajas en ambos bandos y muchas veces estuve a punto de caer prisionero, pero podía más mi amor por la libertad, así que redoblaba esfuerzos.

Mientras tanto, en otro lugar remoto de Eulyon, se sucedía esta escena:

–¡Adelante, eulyonitas, no podemos rendirnos! ¡Por sus familias!

Era el grito de una joven mujer de no más de dieciocho años de edad. Su nombre era Mazhara. Los saurios le temían, por su valor y astucia, sin parangón en la galaxia. Con sus métodos de guerrilla, había ocasionado más bajas que muchos batallones en combate. En diversas ocasiones la habían tratado de emboscar y siempre los había burlado. Ya era una leyenda entre cientos de jóvenes que se le unían en la lucha. Decían que Mazhara, a la edad de siete años, vio como los saurios mataban a sus padres, estando ella escondida dentro de una pared falsa. Juró que no descansaría hasta destruir o expulsar a todos los saurios de Eulyon. Aprendió a camuflarse y moverse sin ser vista; les robó armas; los observó por muchos años, identificando sus fortalezas y debilidades; se centró en rescatar niños, a los que luego enseñaba a robar comida y armas sin que los saurios los descubrieran. Aprendían a luchar e iban creciendo dentro de la familia de la *Madre Mazhara* como le decían a esta valiente guerrera.

Tuve conocimiento de ella y decidí que era importante incorporarla a nuestras fuerzas, pues tenía valiosos conocimientos de sus tácticas de ataque sorpresa. Además, yo sabía que le estaban haciendo un cerco, ella luchaba y resistía valientemente, teníamos que salvarla, pero si no llegábamos pronto, caería. Así que decidí encabezar yo mismo el ataque para romper el cerco de los saurios. Acudí con un batallón de felinoides y una escolta de naves insectoides. Después de varios días de viaje nos encontramos con las fuerzas saurias que atacaban a Mazhara. Eran muchísimos, la lucha fue encarnizada y violenta, tanto por tierra como por aire. Tres días duró la batalla. Los saurios sobrevivientes huyeron y finalmente llegamos al cuartel desde donde Mazhara dirigía sus estrategias de guerra.

–¿Quién es la valiente Mazhara? –pregunté.

–Soy yo –respondió–. ¿Y quién es usted?

–Yo soy el comandante Rhodel.

Cuando los combatientes de Mazhara supieron quién era yo, estallaron en júbilo. No podían creer que el máximo comandante de todas las fuerzas de Eulyon hubiera ido, en persona, a rescatarlos. La misma Mazhara se sintió algo turbada ante mi presencia, pero rápidamente cambié esa incómoda relación.

–Te hago una reverencia, valiente Mazhara, y te nombro Regidora Mayor de las Fuerzas Especiales de Combate en Eulyon.

Este cargo era de muy alto rango, se otorgaba solamente a experimentados luchadores que habían demostrado su valor en la batalla y habían ganado más de cien combates, cosa que solamente habían conseguido tres individuos. Ahora, Mazhara, era la cuarta. Las fuerzas especiales de Eulyon son la élite de los batallones. Su capacidad de ataque es formidable. Mazhara sería parte de estas fuerzas y, dada su experiencia en las luchas de guerrilla, les aportaría un nuevo método de combate.

Mazhara y yo comenzamos a trabajar en conjunto y nos complementábamos muy bien. Los saurios sintieron pronto que estaban perdiendo la guerra en Eulyon y decidieron replegarse a la Gran Ciudad Capital del planeta, llamada Astirene. La tenían, parcialmente, bajo su poder desde hacía cientos de años y nuestro objetivo se centró en recuperarla. Sabíamos que, de lograrlo, los saurios se retirarían para siempre de Valmoran y con ello se debilitarían en toda Lyra. Durante muchos años planeamos el asalto final a la gran Astirene, concentrando grandes cantidades de batallones provenientes de toda la galaxia en Eulyon. Recibíamos armas de combate sofisticadas. Quizás la solución fácil hubiera sido tirar una bomba de exterminio vital, como se le conocía a un tipo de bomba que mata a los seres vivos en una ciudad, dejando intactos los edificios, pero por órdenes de las Jerarquías Espirituales, estaba prohibido el uso de este tipo de armas, además de que se buscaba la rendición por parte de los saurios, causando la menor cantidad de bajas, pues el principio de respeto a la vida predominaba en nuestra lucha. No buscábamos exterminar a los saurios, sino solamente expulsarlos de nuestros planetas. También debíamos considerar que en Astirene había cientos de miles de Eulyonitas prisioneros o esclavizados, cuyas vidas eran nuestra prioridad, así que el plan fue meticulosamente diseñado para dar el golpe final.

Durante esos años de trabajar juntos, se fue despertando el amor milenario que Mazhara y yo teníamos y decidimos formalizar nuestra unión, la cual fue recibida con beneplácito por todos pues, sin quererlo, nos fuimos convirtiendo en un símbolo de libertad en todo el planeta. Cuando la gente se enteraba de que se acercaban los ejércitos de Rhodel y Mazhara, se llenaban de esperanza y sabían que pronto serían liberados. Por eso cuando se enteraron de nuestro amor y nuestra unión, fue como una fiesta en honor a la libertad y decían que el fruto que naciera de esa unión, debería llamarse Libertad. Al cabo nació ese fruto, una preciosa niña a la cual le pusimos por nombre Laralí que en eulyonita significa libertad.

29
Laralí

Mazhara se dedicó en cuerpo y alma a Laralí, enseñándole a amar su libertad. Yo procuraba estar el mayor tiempo que podía con mi hermosa niña, a quien amaba profundamente. Ella era mi refugio de paz dentro de esa interminable guerra. Sus grandes ojos castaños escudriñaban mi alma y me sonreían como diciendo: *pronto todo acabará.* Su aura irradiaba una luz de amor que era capaz de aplacar hasta a la fiera más feroz.

Pasaron los años y Laralí se fue convirtiendo en una hermosa jovencita. A la par crecía su amor hacia todo lo que le rodeaba. No sentía odio o desprecio por los saurios y siempre decía que lo que les faltaba a esos pobres seres era amor. Estábamos sorprendidos de la capacidad tan grande de amar que tenía nuestra hija, que a su vez era osada e intrépida como su madre y no le tenía miedo a nada ni a nadie.

Un día Laralí salió con dos amigas a bañarse a un río que estaba un tanto alejado del complejo militar donde vivíamos. Contaba ya con diecinueve años de edad y se sabía cuidar muy bien, pues yo le había enseñado a luchar como una guerrera. Era especialmente veloz en sus movimientos, su agilidad era sorprendente y, en algunas ocasiones, la había hecho luchar contra guerreros felinoides que se sorprendían de que les era casi imposible golpearla dada su capacidad de anticipar el golpe. Era hábil con el sable, le había inculcado que siempre lo tuviera consigo, pues nunca se sabía cuándo podría ser atacada por un saurio y así lo hacía. No me preocupaba el que saliera sin escolta militar, confiaba plenamente en su capacidad para cuidarse.

Como decía, un día fue con sus amigas al río a bañarse y estando allí, escucharon gritos que provenían de una cueva cercana. Sus amigas se paralizaron de miedo, pero Laralí las tranquilizó y les dijo que esperaran allí mientras ella iba a investigar que pasaba. Corrió hacia la cueva con el sable en la mano y, para su sorpresa, se encontró con dos gigantescos saurios del tipo draco que estaban sometiendo sexualmente a una hembra sauria del tipo humanoide –vale decir que aún entre los saurios hay desprecio por otras razas de la misma especie. Los Dracos se consideran la punta de la pirámide evolutiva dentro de su especie y creen que tienen el derecho de someter a las otras especies saurias que consideran débiles y más primitivas–. Laralí sintió por primera vez ira y les gritó que soltaran a la chica sauria. El macho más grande le hizo una señal al otro y éste se abalanzó sobre Laralí quien, con gran habilidad, lo esquivó produciéndole una cortada profunda en el vientre. El saurio profirió un grito de dolor y de rabia. Cuando se quiso voltear para atacar nuevamente a Laralí, ella le cortó el cuello, destrozando las arterias y haciendo caer de bruces y muerto al gigantesco enemigo. El otro saurio, que se encontraba muy excitado sometiendo a la joven sauria humanoide, no se dio cuenta de la muerte de su compañero. Laralí se le acercó por detrás y le clavó el sable a la altura del corazón, matándolo instantáneamente. La joven sauria estaba entre aterrorizada y asombrada al ver la valentía y la habilidad de esa joven humana que le había salvado la vida. Sin embargo, pasada la impresión, la joven sauria pensó que ella sería la siguiente víctima de la hoja del certero sable y un miedo tremendo la sobrecogió. Laralí lo percibió e inmediatamente guardo el arma y le extendió sus manos, con una sonrisa angelical. El efecto fue instantáneo. La chica sauria se puso de pie, tambaleante, acercándose tímidamente a Laralí. Mi hija le dijo que no tuviera miedo, pero la joven sauria no le entendía pues no hablaba el Eulyonita. Laralí sabía algunas expresiones saurias y le dio a entender que con ella estaba segura. De pronto, escucharon que del fondo de la cueva venían más saurios dracos. Laralí tomó de la mano a la joven sauria y la hizo que corriera junto a ella para salvar su vida. Hasta el dolor entre sus piernas desapareció por el miedo de ser nuevamente capturada por los dracos. Laralí llegó, acompañada por la joven, junto a sus amigas y les gritó que corrieran porque estaban en peligro. Ellas miraban asombradas a la sauria, que no soltaba la mano de Laralí, y partieron a gran velocidad ante el peligro que les anunciaban. Después de alejarse lo suficiente de la cueva, se detuvieron para tomar aire y bombardearon a Laralí con preguntas. Ella las calmó y les contó lo sucedido. Las amigas sintieron compasión por la muchacha y prometieron a Laralí que la ayudarían en todo lo que se requiriese, para proteger a la joven. La solidaridad de género se manifestó independientemente de la raza. Influir en los demás era uno de los poderes que tenía mi hermosa hija.

Pasado el susto, se sentaron a reflexionar qué harían ahora con la chica, pues consideraban arriesgado llevarla a la instalación militar, ya que no sabían la reacción que produciría su presencia. Kinna, una de las amigas, propuso que la llevaran a una gruta que descubrieron siendo niñas, cuando se escapaban del complejo militar para jugar libremente en los bosques cercanos. La ventaja de la gruta era que, a simple vista, era indetectable, ya que estaba oculta por unos matorrales altos que camuflaban completamente la entrada. La habían descubierto accidentalmente, jugando a las escondidas, quizá el juego más universal que existe entre todos los niños del universo.

Las tres estuvieron de acuerdo en turnarse para estar con la joven sauria, cuidándola y llevándole comida. Pasaron los días, las semanas, los meses. La muchacha aprendió rápidamente a comunicarse en eulyonita. Así supieron su nombre y parte de su historia.

Mientras tanto la guerra se recrudecía en todos los frentes. Miles de batallones saurios llegaban continuamente a Lyra para tratar de someter definitivamente a los mundos en lucha. Cuando creíamos que estábamos a punto de ganar la guerra, aparecían más y más enemigos, lo que nos obligaba a retardar los planes de retomar la Gran Capital. La población de Eulyon estaba al borde de la extinción, había una preocupación enorme dentro de las Jerarquías Espirituales, pues las razas simientes de Lyra iban desapareciendo, una a una, dentro del concierto de nuestro universo. Los eulyonitas junto con los veganos y otras cinco razas más, eran todo lo que quedaba de la otrora rica y variada constelación de Lyra.

Los saurios estaban preparando el ataque final, varias de sus razas se habían aliado para conquistar la constelación completa. Entre ellos estaban los humanoides saurios que poseían la tecnología más avanzada entre todas ellas. Sin embargo, como lo dije anteriormente, eran despreciados por los dracos y otros saurios de mayor tamaño. Resultaba irónico que dependieran de las acciones de los humanoides para alcanzar su objetivo. El comando saurio humanoide era dirigido por una hembra, que era considerada la reina y máxima matriarca de la raza, su nombre era Thaida. Era despiadada y no cejaba en su empeño por destruir las razas humanas. Era hermosa dentro de los estándares saurios, sus facciones eran casi humanas y su cuerpo era perfecto, fuerte y atlético, pero de proporciones femeninas. Sin embargo, cargaba una amargura profunda que la impulsaba a actuar con ese odio hacia los humanos. Thaida estaba decidida a dar su golpe final en pocos años. Estaba reforzándose con más batallones saurios que venían de todos los rincones del universo. Poco a poco, nuestros esfuerzos se hacían cada vez más inútiles ante el formidable poderío saurio, pero dejaríamos hasta la última gota de nuestra sangre en el campo de batalla.

Años después, Mazhara descubrió el secreto de Laralí. Al principio se alarmó pero, paulatinamente, fue enterándose de los acontecimientos y se sintió orgullosa de su hija. Decidió que yo debía saberlo y que debía llevar a la joven sauria a nuestro hogar para que estuviera bajo mi protección. Laralí se opuso en un principio porque pensaba que yo la encerraría en una mazmorra, como prisionera de guerra y eso ella no lo toleraría, primero porque odiaba ver a alguien privado de su libertad y, segundo, porque se había encariñado con la joven, convirtiéndola en su más grande amiga. Mazhara le dijo que lo dejara en sus manos, que ella se encargaría de mí –como siempre las mujeres terminan manejando al hombre y en mi caso, no sería la excepción–. Esa noche Mazhara se acercó al recinto donde me encontraba estudiando unos planes de defensa. Estaba muy cariñosa, y mirándome a los ojos me dijo:

–¿Qué pensarías si Laralí, con su infinita bondad y amor, pudiera tener una amistad sauria?

–¡Ja! Eso es imposible. Los saurios nunca accederían a acercarse, con intensiones amistosas, a un humano.

–Pues aunque te rías, Laralí tiene una amiga que es sauria.

–¡¿Qué?! No puede ser. Sé que mi hija es un dulce y que con su sola mirada suaviza a la bestia más terrible, pero de ahí a que sea amiga de un saurio, dista mucho.

–Pues créelo, porque esa joven amiga existe.

Tuve que sentarme para oír la historia. Cuando Mazhara terminó de relatarme los hechos, no tuve más opción que acceder a que trajeran a la chica. Para ello, di la orden a una patrulla de que escoltara a mi esposa y fuera en busca de la joven. Laralí entró a mi despacho, me rodeó con sus brazos y empezó a llenarme de besos, dándome las gracias por permitir que su amiga pudiera estar en casa y protegida. La estrategia de mi hija me desarmó completamente, no tuve otra opción que aceptar con gusto a su amiga sauria. La llegada de la chica causó revuelo entre los eulyonitas, pues no concebían que una enemiga viviera en el hogar del comandante supremo del ejército. Poco a poco se fueron acostumbrando a verla salir con Laralí y sus otras amigas. No era diferente a ellas, solo en su piel y sus rasgos, pero dentro de su alma era como cualquier jovencita con ilusiones, miedos y deseos. Sin darme cuenta, me fui encariñando de la chica, que ya no me parecía fea y repugnante, sino que a apreciar la belleza que residía en ella, tanto física como espiritual. Se convirtió en una hija más y recibía el afecto, tanto de Mazhara como el mío. Laralí se sentaba en mi regazo y me acariciaba el rostro diciéndome:

–Eres el padre más maravilloso del mundo. Te confieso que en un principio tuve miedo a que reaccionaras violentamente contra Ashuaníe y la enviaras presa a una mazmorra.

–Hija, quizás en otras circunstancias lo hubiera hecho, pero cómo puedo lastimar tu corazoncito, si eres lo más bello y sagrado para mí. Tuve miedo de que esos dracos te hubieran podido matar, pero me siento muy orgulloso de ti.

Laralí me apretaba contra ella, me besaba con ese amor de hija que me derretía y me hacía olvidar toda la lucha y la tragedia que vivíamos por aquella terrible guerra. Para Ashuaníe era totalmente nueva y desconocida la manera en que nosotros manifestábamos nuestros sentimientos de amor, ya que entre los saurios no existe la relación entre padres e hijos, pues las hembras ponen huevos que, al eclosionar, son inmediatamente atendidos por otras hembras jóvenes que cuidan a los pequeños. Solamente las madres hacen una relación estrecha con sus hijas, que se convierten en su más preciado tesoro, pero con los machos son totalmente displicentes y no les afecta si viven o mueren. Por eso para Ashuaníe era algo incomprensible mi relación con Laralí, que era más estrecha que la relación de Laralí con su madre. Mazhara se convirtió en una madre para Ashuaníe y ella la amaba como amó a su madre.

Asediado su mundo por los ataques insectoides, su madre la envió a un planeta mejor resguardado, para protegerla. Sin embargo, en el trayecto la nave en que viajaba fue emboscada y alcanzada por fuego enemigo, obligándola a aterrizar en un planeta desolado. Ashuaníe apenas tenía el equivalente ocho años terrestres de edad, ya que los ciclos de vida de los saurios son muy largos, pues viven en promedio unos setecientos años terrestres, pero su desarrollo es muy lento.

Debo aclarar que los saurios son una de las humanidades más antiguas que existen en el universo, no se sabe exactamente de donde vienen y cuáles son sus orígenes, ellos se consideran los dueños de todo el universo y, por lo tanto, todos los planetas que existen, junto con sus humanidades y recursos, son de ellos. Los saurios no tienen un planeta propio como tal. Ellos llegan, invaden, depredan, aniquilan a la humanidad del planeta. Viven en él por unos mil o dos mil años, devastando y despoblando, y luego se van para hacer lo mismo con otro nuevo mundo. Son una verdadera plaga.

Volviendo al relato de Ashuaníe, muchos años pasaron antes de que una nave sauria aterrizara en el planeta y los rescatara. Pero no fueron afortunados, ya que la nave era de saurios dracos quienes tomaron como sirvientes a la tripulación de saurios humanoides y a Ashuaníe y los llevaron a Eulyon, donde los obligaron a trabajar como esclavos en la construcción de ciudades subterráneas. Ashuaníe se fue convirtiendo en una hermosa jovencita, y llegó el día en que sus feromonas sexuales se activaron, provocando la excitación en los machos. Sintiéndose acosada permanentemente, decidió escapar a la superficie, sin importarle el riesgo. Prácticamente lo había logrado pero, para su mala fortuna, cuando salía de la cueva se encontró de frente con los dos saurios que la violaron, hasta que llegó Laralí en su rescate. Nunca más volvió a ver a su madre. Esa era, someramente, la historia de la joven sauria. Pero en nuestro hogar encontró amor y protección durante muchos años.

Laralí se enamoró de un muchacho que era médico en el ejército y se casó. Al poco tiempo, yo ya era abuelo. Tenía un lindo nietecito que se convirtió en la alegría del hogar. Ashuaníe lo amaba con locura, pues era su sobrino, y el pequeñín le correspondía poniendo sus manitas en los labios de ella y acariciándola con ternura. Fueron días felices, a pesar de la guerra, pero se acercaban tiempos decisivos.

30
La batalla final

El cerco se cerraba, cada vez más, para los mundos de Lyra. Millones de naves saurias se encontraban en todo el espacio de la constelación. Thaida, la líder de los saurios, ya se encontraba en el espacio de Eulyon, pues estaba especialmente interesada en someterme o matarme, ya que sabía perfectamente que si yo desaparecía, los demás lyranos se rendirían sin presentar batalla. Durante todo el tiempo que Ashuaníe vivió en nuestro hogar, tuve cuidado de que no se enterara de la lucha contra su especie, pues sabía que eso la lastimaría. Por eso le pedí a Laralí que la mantuviera alejada de estos acontecimientos y así lo hizo.

Nos preparábamos para la inminente invasión por parte de Thaida y sus guerreros. Yo sabía que si lográbamos capturarla, ocasionaríamos confusión dentro de sus ejércitos y nos daría una pequeña ventaja para demorar su ataque final.

Un día, inteligencia militar nos avisó que Thaida bajaría a Eulyon, a una de las ciudades subterráneas, para afinar los últimos detalles de la invasión. Era nuestra oportunidad y debíamos aprovecharla. Una vez localizada la ciudad donde descendería, organizamos el desplazamiento de tropas, sigilosamente, para no llamar la atención de los saurios. Los soldados iban vestidos como campesinos y en grupos pequeños, de esta manera no levantaban sospechas. Las armas se trasportaron en vehículos de bajo vuelo, que pasaban desapercibidos porque a su alrededor se creaba un holograma de camuflaje. Concentramos a los mejores hombres para el ataque sorpresa. Teníamos la ventaja de que era una ciudad pequeña y que la habían escogido porque pensaban que pasaría totalmente inadvertida para sus planes. Lo que no sabían era que teníamos una tecnología muy especial que nos permitía espiarlos sin que ellos se dieran cuenta. Cuando Thaida se encontraba ya en la ciudad, atacamos. Nuestro primer objetivo fue bloquear sus comunicaciones y de inmediato buscar a la líder. La batalla fue dura pero rápida. Al final, Thaida fue vencida y hecha prisionera, junto con varios de sus principales estrategas. Fue un golpe maestro que provocaba un retraso considerable en los planes finales de los saurios. Trasladamos a Thaida a nuestro complejo militar y la llevaron a la sala donde yo presidia la comandancia suprema. Cuando la vi, un escalofrío me recorrió la espalda. Tenía un terrible presentimiento. Mi actitud se suavizó inmediatamente y no pude tratarla con rudeza. Ordené que le quitaran las cadenas y que le trajeran una silla cómoda para que se sentara.

–¿Por qué no me ejecutas de una vez? –me dijo en un perfecto eulyonita.

–No es mi intención matarte, solamente quiero negociar con tu especie.

–Mi especie no negocia con nadie, somos los amos del universo y nadie está por encima de nosotros.

Su arrogancia y altivez no dejaban duda de que era la Gran Matriarca de los saurios humanoides. Era tremendamente bella, quizás podía apreciarlo por mi convivencia con Ashuaníe y creo que ella lo notó.

–¿Por qué no me miras como los otros humanos?

–¿Cómo te miran los otros humanos?

–Con asco y desprecio. Es gracioso, dicen que somos horribles y en realidad los feos son ustedes.

–No me pareces horrible, al contrario, creo que eres muy bella.

–¿Qué? –se rio–, nunca imaginé que escucharía eso. Un humano diciéndome bella.

En ese momento entró Mazhara al salón y noté que había tenido la misma impresión que yo cuando vio a Thaida. Volteó a mirarme y me hizo una seña para que saliera con ella un momento.

–Es...es...idéntica a Ashuaníe –exclamó–. ¿Será posible que sea quien me temo?

–Yo pensé lo mismo, pero me es difícil creerlo. Quizás entre las saurias hay mucho parecido y nos estemos imaginando cosas que no son.

–Sí... quizás tengas razón, pero es que... su mirada, su porte, su piel... no sé.

–Volvamos al salón, mi amada.

Volví a hablar con Thaida.

–Haremos una trasmisión para que tu gente vea que estás viva y en buenas condiciones, Thaida. Es importante que negociemos.

–Ya te lo dije, mi pueblo no negocia con seres inferiores, no te hagas ilusiones, Rhodel de Eulyon. Porque sé quién eres: "Señor de la Guerra", o mejor, "Demonio de la Guerra". Me lo dijo de una manera despectiva y con mucho odio en sus palabras. Recordemos que yo vine a enterarme de mi faceta de demonio apenas en esta vida. Lo escuché muchas veces en otras encarnaciones, pero lo tomaba en sentido figurado y por ello no le daba mayor importancia.

–Pues tendrán que negociar, si no quieren perder la cabeza de su linaje.

–¡Ja! Mi cabeza es intrascendente en estos casos, Rhodel. Ya he dejado linaje de descendencia...

Por un momento pude notar que su voz se entrecortó un poco y vi una mirada triste que recordaba algún amargo acontecimiento. Luego, recobrando su altivez me dijo:

–Mi gente no tendrá piedad de tu gente. Pronto llegarán, por miles, a masacrar hasta al último de ustedes, los borraremos para siempre.

–¿Por qué nos odias tanto?

–Porque son inferiores y sólo causan molestia en el universo.

–Esa es una razón vana y prejuiciosa, que no tiene ningún fundamento.

–Tienes razón, esa es la más benigna de las causas de mi odio hacia ustedes.

–Luego hay una más poderosa que esa, o ¿me equivoco?

–Sí, sí la hay. Ustedes me quitaron al ser que más amaba, mataron a mi hija primogénita y eso jamás se los voy a perdonar.

Me impresionó ver que salían lágrimas de sus ojos. Antes de conocer a Ashuaníe, creía que los saurios no lloraban, pero después, la misma Ashuaníe me explicó que los humanoides sí desarrollaron glándulas lagrimales y eso los hacía diferentes a las otras especies saurias. Eso me hacía pensar que los saurios humanoides eran los que más se acercaban a nuestra naturaleza, mientras que los dracos eran más animalescos.

–Puedo entender tu dolor de madre –replicó Mazhara–, pero ese odio sólo te traerá más desdicha.

–¿Acaso sabes tú lo que es perder una hija?, ¿a tu hija más preciada?

–Tengo una hija que es la luz de mi vida y por gracia del altísimo sigue viva y a mi lado, pero no necesito perderla para entender tu dolor. De hecho... –Mazhara iba a decirle de su hija adoptada, pero se quedó callada. Yo la miré y le di a entender que no dijera nada de Ashuaníe.

–Ya estamos listos para la trasmisión, comandante Rhodel –me comunicó uno de mis soldados.

–Muy bien.

Junto con los demás consejeros, decidimos que se diera el mensaje. Se le encargó al consejero responsable de comunicaciones, que hablara en representación del Alto Gobierno de Eulyon.

Usando un decodificador de idiomas, para que tradujera simultáneamente a los diferentes idiomas saurios, se procedió a trasmitir nuestro mensaje.

"A todos los comandantes de batallones saurios, se les informa que tenemos prisionera a su cúpula jerárquica, encontrándose todos ellos en perfectas condiciones de salud. No pretendemos hacerles daño, salvo que intenten atacarnos. Es nuestro objetivo llegar a un acuerdo de paz y dar fin a esta guerra absurda. Como muestra de buena voluntad, liberaremos a dos de sus consejeras estrategas en los próximos días".

Se hizo una toma de todos los rehenes para que verificaran que estaban en perfectas condiciones y vivos.

Pasaron varias semanas y liberamos a las consejeras. Los saurios no se decidían a atacar, pero las consejeras dieron la orden de hacerlo, pues Thaida les había ordenado que lo hicieran sin importar las consecuencias de su vida. Se desató el infierno sobre Eulyon y toda la población fue requerida a luchar. Por fortuna llegaron refuerzos felinoides y de otras humanidades de Andrómeda, que se unieron a nuestra defensa. También los insectoides enviaron muchísimas naves y la batalla fue violenta tanto en el cielo como en el planeta. Sólo Thaida podía detener a los ejércitos saurios, pero no lo haría. Podía más su odio que el temor por su propia vida. Tomé, junto con el Consejo, la resolución de ejecutar a Thaida y que fuera vista la trasmisión por sus comandantes. Quizás eso los golpearía moralmente y los haría desistir de continuar luchando. Mazhara se oponía violentamente a esa acción y se retiró del Consejo, pues nada podía hacer para impedir que nuestra decisión se cumpliera. Se preparó todo y se les hizo saber a los saurios que, si no se detenían, su matriarca sería ejecutada y ellos presenciarían el acto. Algunos comandantes, que le eran más leales, se retiraron, pero a los dracos no les importó y siguieron la lucha.

–Thaida de Far-Khanís –que era el nombre de su planeta de origen–, Matriarca Suprema y cabeza del linaje saurio humanoide, se te condena a morir descabezada por el peso de mi espada.

Thaida se encontraba arrodillada, con su cabeza recostada sobre una base de madera, esperando el golpe final. En verdad, me dolía tener que ejecutarla. En mi interior pedía que algo ocurriera y que se evitara la tragedia. Estaba listo para dar el golpe con mi espada, cuando escuché a Laralí, gritarme:

–¡Padre!, por favor, detente.

Asombrado y confundido bajé la espada, volteando a mirar a mi hija, que venía corriendo junto con Ashuaníe.

–¡Madre, madre! –gritaba la joven sauria–. ¡No, por favor, Padre Rhodel! ¡Detente!

Era la primera vez que Ashuaníe me llamaba Padre. Thaida levantó la cabeza y se quedó paralizada de la emoción. Era la primogénita que creía muerta. Ashuaníe se abalanzó al cuello de su madre y la abrazó durante largo tiempo. Toda la escena estaba siendo trasmitida, en vivo y en directo, a toda la constelación y más allá. Ordené que le quitaran las cadenas y grilletes inmediatamente a Thaida. Había gran confusión y alteración en la sala. Los consejeros se miraban unos a otros con incertidumbre, sin saber qué iba a pasar. Entonces, Ashuaníe me preguntó si aún estábamos trasmitiendo para todo el mundo, le respondí que sí, e inmediatamente ella se puso al frente de las cámaras y dijo:

–Soy la Princesa Ashuaníe, hija primogénita de la Gran Matriarca Thaida. ¡Por la autoridad que me reviste mi linaje, ordeno a todos los comandantes detener sus legiones y hacer una tregua de paz, en este mismo instante!

Entre los saurios la voz que manda es la de las hembras y si una, de tan alto linaje, da una orden, ésta no se discute ni se desobedece, por eso el efecto fue inmediato.

Todos estábamos estupefactos ante lo que acababa de decir la Princesa Ashuaníe.

Princesa, jamás nos lo dijo, quizás por auto-protección.

Los ataques de los saurios se detuvieron y yo también di la orden de no atacar más, a menos que fuéramos provocados. Ordené que Thaida fuera trasladada inmediatamente a mi hogar. Estaba confundida y no sabía qué era lo que había sucedido con su hermosa hija.

–Madre, ¡qué alegría volverte a ver! Pensé que nunca más te encontraría.

–Hija de mi corazón, ¿qué ocurrió contigo? Lo último que supe fue que tu nave había sido derribada por el enemigo, y no se supo si estabas a salvo o no, pero como pasaron los años y no apareciste, te dimos por muerta.

–No, madre, caímos en un planeta desolado y después de muchos años fuimos recogidos por una nave de los draco, quienes nos esclavizaron. Yo intenté huir pero fui interceptada por dos saurios, quienes trataron de abusar de mí –Ashuaníe no quiso decirle a su madre que había sido brutalmente violada, para no causarle dolor.

–Pero, ¿cómo lograste evitar que te ultrajaran?

–Gracias a Laralí.

–Laralí, ¿quién es?

Ashuaníe tomó a Laralí de la mano y se la presentó a su madre, quien la miró con asombro.

–Madre, ella es mi salvadora, mi heroína, ¡mi hermana!

–¡¿Qué?! ¿Tu hermana?

–Así como lo oyes, madre. Laralí me protegió durante muchos meses, ocultándome en una gruta, hasta que mi otra madre...

–¡¿Queeeé?! ¿Otra madre?

–Sí, madre, Mazhara es la madre de Laralí y esposa de mi padre adoptivo, Rhodel.

–¡Esto es demasiado para mí! –exclamó Thaida.

–Tranquila, madre, escucha mi historia y se aclarará todo.

Ashuaníe le relató toda la historia desde su llegada a nuestro hogar y como, poco a poco, fue aprendiendo a conocer a los humanos y, lo mejor de todo, a quererlos. Al final Thaida lloraba desconsoladamente, de hecho, todos llorábamos, pues Ashuaníe se expresó de nosotros con tanta ternura y amor, que nos sorprendió todo el cariño que esta niña nos profesaba. En un momento, Thaida, Laralí, Ashuaníe y Mazhara estaban abrazadas llorando. Yo no me pude contener y las abracé a todas. El torrente de amor que se disparó en esa habitación fue tanto, que Thaida se quebró, pidiéndonos perdón por todo el mal que había hecho a nuestra constelación y en especial a Eulyon. Me miró a los ojos con amor –creo que era la primera vez que miraba a un humano con este sentimiento–, y debo admitir que fue como una corriente de energía muy dulce, que nunca pensé sentir, viniendo de un saurio.

–Thaida –le dije–, espero que ahora podamos sentarnos a negociar.

–No tenemos nada que negociar, Rhodel. Nos retiraremos inmediatamente de la constelación y resarciremos todos los daños que hayamos ocasionado.

–Bueno, me tranquiliza escuchar eso, viniendo de la Gran Matriarca, pero nos vas a partir el corazón.

–¿A partir el corazón?, ¿por qué?

–Porque Ashuaníe es como una hija para nosotros y una hermana para Laralí, y nos dolerá que se vaya de nuestro hogar, que también es suyo.

–No veo inconveniente en que Ashuaníe se quede aquí, en Eulyon. Recuerda que nosotros tenemos ciudades subterráneas en este planeta y, además, no tenemos ya un planeta donde habitar. Claro está que...

–¿Me estas pidiendo permiso para quedarte en una de tus ciudades subterráneas, aquí en Eulyon?

Por primera vez, veía a la Gran Matriarca bajar la mirada y asentir humildemente.

–Hablaré con el Consejo del planeta y abogaré para que así sea, puedes contar con todo mi apoyo.

—Gracias, queridos protectores de mi hija.

Mazhara tomó las manos a Thaida y le dijo que la nuestra era su casa, y que podía quedarse el tiempo que quisiera. Thaida aceptó encantada, pero primero nos dijo que era urgente que ella hablara con los comandantes de su flota, para poner punto final a la guerra. Yo le sugerí que debíamos dialogar, también, con el Consejo Planetario para definir las condiciones en que pactaría la cuestión de las ciudades subterráneas de los saurios.

Después de muchas conversaciones, se tomó la decisión de que los saurios humanoides podían establecerse en las ciudades subterráneas de Eulyon. Debo decir que la desconfianza se mantendría latente y los Consejeros de Eulyon optaron por no tener trato directo con los saurios. Al final habría un acuerdo de respeto mutuo y se evitaría el contacto entre las poblaciones civiles. Solamente los altos mandos de ambas humanidades podrían interactuar. Los dracos no quisieron participar de esa paz y decidieron retirarse de la constelación de Lyra, respetando la territorialidad de los humanoides. Con el tiempo, algunos dracos disidentes pedirían permiso para vivir en Eulyon, dentro de las ciudades subterráneas. Los humanoides, a través de sus Matronas Thaida y Ashuaníe, se fueron volviendo pacíficos y terminaron repudiando la guerra y las conquistas que hacían las otras especies saurias, en las diferentes galaxias del universo; su dieta cambió y nunca más volvieron a comer carne humana, algunos llegaron a convertirse en vegetarianos; muchos se desarrollaron espiritualmente, bajo la guía de las diferentes Jerarquías Espirituales, que rigen en los diversos mundos habitados. La Princesa Ashuaníe también tuvo su descendencia, pero marcó una diferencia: se volvió monógama y llegó a amar al que fuera su compañero. Además se preocupó por sus hijos machos, prodigándoles el mismo amor y cuidados que a sus hijas. Una nueva era comenzaba para los saurios humanoides, que rápidamente desarrollaron el amor y la fraternidad con las diferentes humanidades.

Mis días llegaban a su fin, después de muchos años de paz y amor en nuestro hogar y en el planeta Eulyon. Debo decir con tristeza que los eulyonitas cambiaron para siempre su forma de relacionarse y, poco a poco, fueron ocultando sus sentimientos por temor a volver a ser presa fácil de los saurios dracos, que tenían el poder de manipular el cuerpo emocional de sus víctimas para someterlos a través del miedo. Por eso, el amor fue desapareciendo, paulatinamente, de la superficie del planeta. Mi hija Laralí, estuvo a mi lado para cerrar mis ojos cuando exhalé el último aliento. También estaban presentes mi amada Mazhara, quien murió un par de años después, Ashuaníe y sus descendientes. Thaida se encontraba en un planeta muy lejano, en otra galaxia, acondicionándolo con sus ingenieros, para convertirlo en su nuevo hogar, donde vivirían los saurios humanoides, solos. Cabe recordar que Thaida viviría unos cientos de años después de mi muerte, y ni qué decir de Ashuaníe, quien siempre permaneció en Eulyon, al que consideraba su hogar más amado. El objetivo se había conseguido, siete razas lyranas sobrevivieron a la guerra y serían las que se extenderían por toda la Vía Láctea, fundando civilizaciones y ayudando al desarrollo de las tempranas humanidades que iban apareciendo en diferentes planetas de la galaxia, y de otras galaxias vecinas, como Orión y Andrómeda.

31
Despedidas

Al terminar la película de esas vidas pasadas, y de nuestro destino entrecruzado con los saurios, Blatta se levantó y le preguntó al Maestro:

–Maestro, Mayanni y Javier, ¿ya saben quién soy?

–Aún no les he dicho, pero permíteme.

El Maestro se levantó de su silla y nos pidió, a Mayanni y a mí, que nos paráramos frente a él. Así lo hicimos, y con un pase que hizo con su mano, vimos a nuestra querida Ashuaníe. Una profunda alegría se apoderó de nosotros y corrimos a abrazar a Blatta.

–¡Mi hija sauria!

–¡Mi amado padre eulyonita!

–¡Mi amada hermana!

–¡Mi amada salvadora!

Estábamos fundidos en un abrazo fraternal lleno de sinceridad y amor. Por nuestros ojos corrían lágrimas de felicidad. Quienes se encontraban en el salón, profirieron una exclamación de alegría. Nuestros hermanos eulyonitas también lloraban y aplaudían emocionados. Fue un momento conmovedor para todos.

–Mis amados, la historia de sus vidas es muy hermosa y está ligada a Eulyon y, en un futuro no muy lejano, lo estará con la Tierra. Blatta jugará un papel muy importante para evitar una invasión catastrófica a su planeta.

–Maestro, ¿y cuándo será eso? –pregunté.

–Unas cuantas vidas más adelante. Para los terrestres de la superficie, será vital tu intervención y en menor medida la de Mayanni, pues los intra-terrenos saben cómo bloquear a los dracos.

–Maestro, tengo una curiosidad, ¿dónde está Laralí?

–Ella está encarnada en la Tierra actualmente, y es una hermosa adolescente, pero no la conocerás hasta dentro de muchos años más.

Blatta se ofreció a llevarnos en su nave hasta el templo, en la superficie de Eulyon. Todos aceptamos encantados pues su nave era gigantesca y muy veloz. Tan solo nos tomó diez minutos llegar. Ya en el templo, nos despedimos de nuestra amada Ashuaníe, pues, aunque ahora tenga otro nombre y otro cuerpo, no deja de ser nuestra Ashuaníe. Fue un momento triste, pues el Maestro nos hizo saber que ya no nos volveríamos a ver con Blatta hasta dentro de algunas encarnaciones. También nos despedimos de todos nuestros hermanos de Eulyon. Ya era tiempo de regresar a la Tierra. Los abrazos se hicieron interminables, no queríamos separarnos de todos esos maravillosos seres, con los que compartimos tantas vidas, juntos por la salvación de Eulyon.

El Maestro dijo:

–Esta es solamente una despedida temporal. En un futuro lejano, todos ustedes tendrán nuevamente que luchar para proteger a Eulyon, pero ya no será contra un enemigo conocido y foráneo. Será una lucha más dura y terrible, pues al enemigo no se le vencerá a través de la guerra, como la primera vez, sino que su derrota llegará a través del amor. No crean que, por tratarse de enseñar nuevamente a los eulyonitas a amar, será una tarea sencilla y carente de peligros. Todo lo contrario, sus vidas serán sacrificadas una y otra vez. ¿Están dispuestos?

–¡Sí! –fue el grito unánime que se escuchó.

Mayanni estaba tomada de mi mano y la apretó fuertemente, nos miramos a los ojos y nos besamos como confirmando nuestra alianza de amor con Eulyon.

Regresamos a la Tierra y, una vez más, nos teníamos que despedir. Un adiós profundamente doloroso, pues no volveré a ver a Mayanni hasta dentro varias encarnaciones. A pesar de que habitamos el mismo planeta, llevamos sendas un tanto distintas de evolución, y no podemos interferir en nuestros procesos.

–Adiós, mi amado Rhodel, siempre te estaré pensando. Mi corazón anhela volver a estar contigo.

–Adiós, mi amada Mazhara, alma pura y dulce, estás grabada en mi corazón para siempre. Mi consuelo es que nos volveremos a ver.

–Gracias, Maestro Altaír, por darme el regalo maravilloso de conocer a Rhodel en esta encarnación.

–Mi dulce Mayanni, sé que es muy corto el tiempo que estuvieron juntos –le dijo el Maestro–, pero las almas, cuando se aman, solamente viven para entregarse la una a la otra, sin importar el tiempo ni las circunstancias. Seguiré viniendo a instruirte, recibe mi bendición.

Yo trataba de disimular las lágrimas, pero Mayanni lo notó y se me acercó, me rodeó con sus brazos por el cuello y me besó con intensidad.

–Mi amado de los tiempos, volveremos a vernos, no estés triste, siempre te querré.

Sonreí y la abracé con amor, como no queriendo soltarla nunca más.

–Adiós, mi Mayanni.

–Adiós, mi amado Javier.

Un capítulo muy importante de mi vida se cerraba. Hasta ese momento tomé conciencia de quién era y las fascinantes vidas que había vivido. Me parecía algo increíble, mi mente entraba en acción, haciéndome pensar que todo esto no había sido más que un sueño, pero no era así, pues frente a mí se encontraba el artífice de todo ello, mi amado Maestro Altaír.

–Hijo, es tiempo de regresar a Monterrey.

Una vez más me encontraba en el mundo "normal". Mis compañeros no notaron nada extraño en mí, el Maestro había fusionado al otro yo, el que se había quedado y era perfectamente consciente de todo lo que había ocurrido durante mi ausencia.

Antes de irse me dio algunas recomendaciones.

–Hijo, vamos a continuar trabajando en tus vidas pasadas. Sería bueno que te independizaras de tus amigos y te fueras a vivir solo, eso nos facilitaría enormemente el trabajo a realizar. Claro, no tiene que ser ya, puede ser después de tu viaje a New York, en enero, cuando hayas visitado a tu madre.

–Así lo haré, Maestro. Yo soy el más interesado en seguir el proceso.

–Recuerda que nada de esto lo debes hablar con nadie. Pronto conocerás personas muy importantes, que imparten las enseñanzas del Maestro Saint Germain, a grupos de estudiantes, buscadores de la verdad. Es bueno que los conozcas y vivas las experiencias de estar en esos grupos. Podrás enseñar conocimientos básicos de metafísica y de otras escuelas espirituales, pero siempre mantén al margen tus experiencias. Como te dije, llegará el día en que podrás escribirlas y contarlas al mundo.

–Sí, Maestro, así lo haré.

–Bueno hijo, me despido de ti. En los próximos meses no tendremos contacto, pues necesito que proceses todo lo que viviste. Sé que estás triste por tu separación de Mayanni, pero pronto tu corazón será sanado por otra alma. Recibe mi bendición.

El Maestro me bendijo y se desvaneció en el aire. Pasarían más de siete meses antes de volverlo a ver.

Durante ese lapso, y como me lo anticipara el Maestro, efectivamente conocí a una gran mujer, que era psicóloga allá en Monterrey, y que tenía un grupo de metafísica. Ella había leído a Conny Méndez, y era una entusiasta de sus enseñanzas. Al poco tiempo, yo estaba dando charlas y cursos en su grupo. A una de esas pláticas llegó esa alma que curaría mi dolor por Mayanni: mi esposa. Fue amor a primera vista, bueno, por lo menos para mí. En diciembre viajé a New York y allí conocí, a la entrada del Museo Metropolitano, a un ser maravilloso y muy culto, quien me dijo que era un discípulo de la gran Conny Méndez. Yo me alegré mucho. Este sapientísimo ser me dio toda una cátedra sobre el antiguo Egipto y, debo reconocer, que es una de las personas más cultas que he conocido en este planeta, es autor de muchos libros y, además, es un músico y compositor de renombre internacional. Todo ese invierno en la ciudad de los rascacielos, estuve en compañía de este gran hombre. Visitamos el edificio de la ONU, a cuya biblioteca él había donado los libros que tenía publicados. Me hablaba mucho de los Maestros Ascendidos y yo me mordía la lengua pues quería contarle la experiencia recién vivida, pero me acordaba del Maestro y la promesa que le había hecho y me tocaba fingir ignorancia. ¡Qué risa!

Me volvería a encontrar con este maravilloso ser en Monterrey y una última vez en Bogotá.

A mi regreso a Monterrey, las cosas se dieron bien para que yo me separara de mis compañeros y me fuera a vivir solo. Reflexionaba sobre todos los acontecimientos que había visto en esos meses. Me resistía a creer en ellos, no porque no hubieran ocurrido, sino por mi propia historia. Me miraba al espejo y podía contemplar, con la ayuda de otro espejo que reflejaba mi espalda, la marca que me recordaba quién era. Continué mi vida normal y evitaba pensar en ello, para no cometer una indiscreción y faltar a la promesa que le había hecho al Maestro Altaír, de no revelar nada de lo que sabía. En las noches meditaba cómo me había enseñado el Maestro.

Pronto tuve la visita de otros Maestros Ascendidos, que me comenzaron a dar instrucción con respecto al trabajo que realizaría más adelante con las personas. Tuve la oportunidad de conocer a todos esos maravillosos seres ascendidos y recibir sus valiosas enseñanzas. Por mi parte, enseñaba al grupo de Monterrey cosas muy básicas de la metafísica. La líder del grupo se fue apartando un poco de esa línea, interesándose más por los "mensajes" de unos supuestos extraterrestres, que conformaban un comando para "salvar" a la Tierra, que daba una canalizadora en la Ciudad de México. Recuerdo que se aproximaba el mundial de fútbol de 1986, que se jugaría en México, faltaba un año cuando ocurrió el terremoto de 1985, que destruyó gran parte de la capital. Entonces se intensificaron los famosos mensajes, dando como ejemplo ese terremoto, que marcaba el principio del fin de la humanidad como la conocemos. Auguraban que no habría mundial de fútbol. Afirmaban que había unas gigantescas naves nodrizas apostadas en la estratósfera de la Tierra, esperando una señal para hacer la "gran" evacuación mundial. La gente tenía mucho miedo.

Yo no creía en tales "mensajes" y me distancié del grupo de Monterrey. Los Maestros me dijeron que esos supuestos mensajes, atribuidos a ellos, no eran de su autoría, que eran creados por seres manipuladores del Plano Astral, que se aprovechaban de la ignorancia e ingenuidad de los canalizadores para generar dependencia, esclavizar a las personas a través del miedo y la incertidumbre. Les pregunté a los Maestros por qué permitían eso. Me contestaron que lo hacían por respeto al libre albedrío de la humanidad. Que dependía única y exclusivamente de nosotros el aceptar o no ese tipo de engaño. Finalmente, el tiempo ha demostrado que todos esos "mensajes" son engaños y manipulaciones. Estamos en el siglo veintiuno y la mentira sigue, sin embargo, es tan grande la necesidad del ser humano de creer en una "salvación", que se aferra a cultos o grupos espirituales para evadir su responsabilidad evolutiva. Pretenden que vengan "otros", de afuera, a solucionar todos los problemas que hemos creado.

De acuerdo con la Jerarquía Espiritual, es nuestra responsabilidad el arreglar todos los entuertos de nuestro planeta. Ellos solo nos envían Luz para que clarifiquemos nuestras mentes y podamos comprender nuestro papel en esta obra que se llama evolución. Nuestra estadía en el planeta llamado Tierra, tiene un fin muy importante para todos los que encarnamos aquí, pero de eso hablaré en otro libro, donde explique tan maravilloso propósito.

Cada uno de ustedes, amables lectores, son piezas fundamentales dentro de esta epopeya terrestre, y muy seguramente, muchos querrán saber quiénes son y por qué están aquí. Gracias a una disposición de la Jerarquía Espiritual, ya se me permite, a través de un seminario que dicto, el enseñar una técnica muy antigua llamada Técnica de la Visión Interna, con la cual el individuo puede acceder directamente al conocimiento de sus vidas pasadas, sin necesidad de hipnosis o regresiones. Es mi propósito entregarla al mayor número posible de personas, para que se conozcan a sí mismas. Estoy seguro de que habrá historias más extraordinarias que la mía esperando a ser descubiertas, para ponerlas en conocimiento de la mayoría.

Traigo a colación esa sapiente frase, *gnōthi seauton:* Hombre, conócete a ti mismo y conocerás a los dioses y al universo. La clave está dentro de ti, afuera solo hay espejos para que te reflejes. Busca en tu interior y hallarás todas las respuestas del universo.

Doy por concluida la primera etapa de mi historia, donde la mayoría de los acontecimientos tuvieron lugar en Eulyon, planeta del sistema estelar de Valmoran en la Constelación de Lyra.

Debo decir que actualmente los eulyonitas se encuentran en grave peligro de extinción, no por causa de un enemigo externo, sino porque después de concluidas las guerras de Lyra, los habitantes de Eulyon se volvieron fríos y desconfiados y optaron por suprimir sus sentimientos para evitar ser manipulados por los saurios, pero al hacerlo, eliminaron el amor de sus vidas, perdiendo la capacidad de sentir. Eso está generando un desequilibrio al planeta. Las almas eulyonitas se pueden llegar a desprender completamente de su Cuaternario Inferior –Cuerpo Físico, Etérico, Astral y Mental Concreto–. Desarrollaron su cuerpo mental a un grado extremo y prácticamente anularon el cuerpo emocional. En el proceso evolutivo humano, el cuerpo emocional o astral es de vital importancia, pues es el que mantiene unido al espíritu con el Cuaternario Inferior. Si se atrofia completamente este cuerpo, se rompe la conexión del alma con el Yo Superior, lo que acarrearía la extinción del individuo y se perdería toda esa evolución. La única forma de evitar esa catástrofe, es enseñarles nuevamente a confiar y a amar. Para ello fui enviado a la

Tierra, pues es en esta escuela del universo donde se aprende a amar en todas sus expresiones: desde la forma más baja y primitiva de las pasiones, que representa el extremo negativo del amor, hasta su forma más sublime, que es el sacrificio de la propia vida por amor a otro.

En el segundo libro, narraré mi periplo aquí en la Tierra, espero que sea de su agrado.

Maestro Eulyon

ÍNDICE